Lanzarote

Michael Will

GPX-Daten zum Download

www.kompass.de/gpx

Kostenloser Download der GPX-Daten der im
Wanderführer enthaltenen Wandertouren.

AUTOR

Michael Will • lebte 25 Jahre am Alpenrosenweg in Hamburg, bis es ihm nach dem Flugzeugbaustudium nach München zog, um seiner starken Affinität zum Wandern und Skifahren nachzugehen. Bereits 2002 fing er an, besondere Touren zu dokumentieren und neue Wanderwege auszuarbeiten. Daraus entstand ein erstes Projekt mit einem Online-Variantenabfahrten-Führer (www.gpstrackfinder.com) mit über 60 Touren in Norditalien.

2012, nach genau weiteren 25 Jahren, zog er nach Kalifornien an der Ostsee. Seitdem lebt er nicht weit entfernt vom nördlichsten Skihügel Deutschlands!

Seit über 15 Jahren bereist er die Kanaren, um in einer ausgewogenen Kombination aus Wanderurlaub, Badeurlaub sowie Besuchen von Sehenswürdigkeiten die Inseln zu erleben. Dabei legt er hohen Wert auf individuelle Übernachtungsmöglichkeiten und einmalige Restaurants. Besonders beeindruckte ihn Lanzarote.

... sein Treibstoff ist, neue Wege zu gehen, damit sie entstehen ...

VORWORT

Schon beim Landeanflug auf Lanzarote kommen Neugierde und Spannung auf, wenn man viele der insgesamt 283 Vulkankrater unter sich vorbeiziehen sieht. Keine Frage, diese Insel ist vulkanischen Ursprungs, und das liegt nicht Millionen von Jahren zurück, sondern geschah in der Neuzeit von 1730–1736 sowie 1824. Noch heute gibt es Stellen mit Temperaturen von über 250°C in weniger als 2 m Tiefe. Die glühende Unterwelt ist präsent und ist aktiv!

Diese Vulkankegel und Krater formen die Insel zu einer mystischen und geradezu spirituellen Landschaft. Von grandioser Schönheit ist dabei der direkte Übergang des schwarzen Lavagesteins in den tiefblauen Atlantik, noch verstärkt in seiner Wirkung durch weiße Sandstrände und die weiße Gischt der tosenden Wellen. Grüne Barrancos im Norden der Insel sind die Lebensadern für eine einmalige Flora und Fauna. Abgerundet wird das Naturschauspiel durch das 15 km lange Risco-de-Famara-Bergmassiv, mit seinem bis zu 600 m hohen steil abfallenden Klippen.

Sehr beeindruckend ist zu entdecken, wie die Einwohner sich nach Vulkanausbrüchen immer wieder diesen neuen Bedingungen anpassen mussten. Sie nutzen die Fähigkeit bestimmter vulkanischer Gesteine zur Speicherung von Feuchtigkeit, um so in der anscheinend unwirtschaftlichen Umgebung Landwirtschaft zu betreiben.

Lanzarote hat es dem Künstler César Manrique zu verdanken, dass der eigene Charakter der Insel bewahrt werden konnte. Die Folgen von Massentourismus konnten bisher weitgehend verhindert werden. Somit wurde die Natur dieser Insel ökologisch und künstlerisch in Harmonie erschlossen.

Die Herausforderung der Zukunft wird es sein, trotz der ständig zunehmenden Besucherzahlen die Harmonie zwischen Mensch und Natur zu erhalten.

Ich wünsche Ihnen mit diesem sorgfältig recherchierten Wanderführer erlebnisreiche und spannende Erfahrungen auf der Insel Lanzarote.

So sah es noch 1824 auf Lanzarote aus

INHALT UND TOURENÜBERSICHT

AUFTAKT

Auf der Tour 3 blickt man vom Mirador del Rio auf die Insel La Graciosa

ANHANG

km	h	hm	hm	🚩	🕐	📏	🔪	🅿	🚌	🌲	🍴	⛺	🏛	🏊	🛏	Karte
9	3:00	287	287	✓	✓	✓								✓		241
13,6	3:50	200	200	✓	✓	✓			✓					✓		241
8,6	3:30	503	503	✓	✓	✓	✓				✓		✓	✓		241
8,9	2:30	380	380	✓	✓	✓							✓	✓		241
3,5	1:40	246	246	✓		✓	✓	✓						✓		241
5,6	1:50	160	160	✓		✓	✓							✓		241
7,7	2:30	318	318	✓	✓	✓	✓	✓						✓		241
9,7	3:15	322	322	✓	✓	✓	✓			✓				✓		241
6,5	2:20	160	160	✓	✓	✓	✓							✓		241
7	2:20	50	50	✓	✓	✓	✓							✓		241

INHALT UND TOURENÜBERSICHT

Tour		Seite	

km	h	hm	hm	P	🚌	🌲	🍴	🔺	🏛	🏊	🛏	Karte
10,8	3:40	510	510	✓	✓	✓	✓				✓	241
10,7	3:30	400	400	✓	✓	✓	✓				✓	241
11,9	4:50	620	620	✓	✓	✓	✓				✓	241
14,5	4:50	600	600	✓	✓	✓	✓				✓	241
10,5	3:30	50	50	✓	✓	✓	✓				✓	241
11,5	3:50	410	410	✓	✓	✓	✓				✓	241
9,7	3:15	40	320	✓	✓	✓	✓		✓		✓	241
6,2	2:00	50	50	✓	✓	✓	✓		✓	✓	✓	241
8,3	3:20	215	215	✓	✓	✓	✓	✓	✓		✓	241
5,8	2:20	230	230	✓	✓	✓	✓	✓			✓	241
7	2:20	260	260	✓	✓	✓	✓	✓			✓	241
7,7	2:30	350	350	✓	✓	✓	✓		✓		✓	241
5,5	1:50	290	290	✓	✓	✓	✓	✓			✓	241
5	1:40	330	330	✓	✓	✓		✓			✓	241
7,3	2:25	120	120	✓	✓	✓			✓		✓	241
7,5	2:30	50	50	✓	✓	✓			✓		✓	241
5,5	2:00	210	210	✓		✓			✓		✓	241
10	3:20	60	60	✓	✓	✓					✓	241
9,6	3:10	80	80	✓	✓	✓					✓	241
9,1	3:45	350	350	✓	✓	✓					✓	241
14	4:40	85	380	✓	✓	✓					✓	241
4,7	1:50	250	250	✓	✓		✓				✓	241
13,7	4:30	310	310	✓	✓					✓	✓	241
4,4	1:45	50	50	✓		✓					✓	241
4	1:20	280	280	✓	✓	✓		✓			✓	241

INHALT UND TOURENÜBERSICHT

Auf der Tour 36 erreicht man einen Traumstrand ohne Namen

km	h	hm	hm	P	🚌	🌲	🍴	⛰	🏛	🏊	🛏	Karte
10	**4:00**	**730**	**730**	✓		✓		✓		✓	✓	**241**
4,2	1:25	190	190	✓	✓	✓		✓		✓	✓	241
8	3:15	400	400	✓		✓				✓	✓	241
7,8	2:40	60	60	✓	✓	✓				✓	✓	241
8,4	2:45	345	345	✓	✓	✓	✓				✓	241
8,8	3:00	545	545	✓	✓	✓			✓		✓	241
11,5	3:50	118	370	✓	✓	✓	✓			✓	✓	241
5,3	1:45	200	200	✓	✓	✓	✓	✓			✓	241
9,7	3:15	330	330	✓	✓	✓	✓	✓			✓	241
4,9	1:45	0	0	✓	✓	✓	✓			✓	✓	241
12,3	4:10	130	400	✓	✓	✓	✓			✓	✓	241
14,1	4:45	0	0	✓	✓	✓				✓	✓	241
8	2:40	300	300	✓	✓	✓	✓	✓			✓	241
3,4	2:30	0	80	✓		✓	✓			✓	✓	241
13,8	4:40	290	290	✓	✓	✓	✓				✓	241

Lanzarote

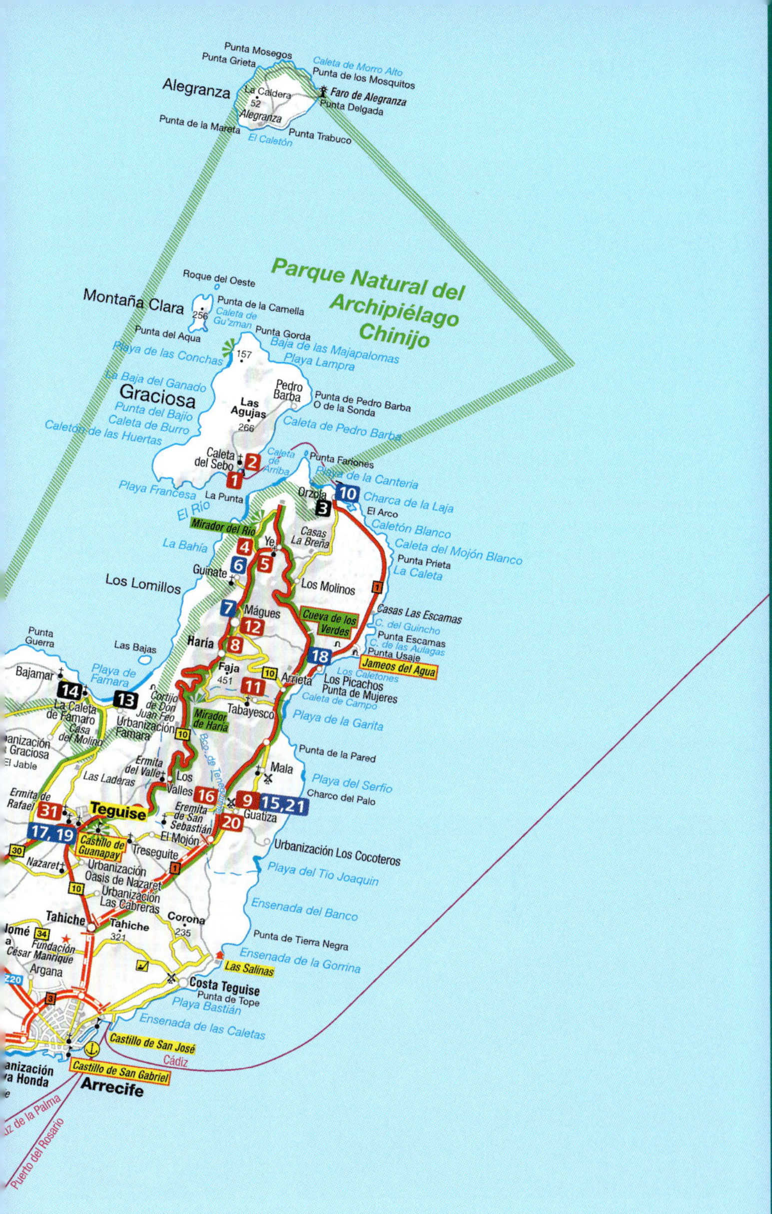
Punta Mosegos
Punta Grieta
Alegranza
Caleta de Morro Alto
Punta de los Mosquitos
La Caldera
52
Faro de Alegranza
Punta Delgada
Alegranza
Punta de la Mareta
El Caletón
Punta Trabuco
Parque Natural del Archipiélago Chinijo
Roque del Oeste
Montaña Clara
256
Punta de la Camella
Caleta de Gu'zman
Punta Gorda
Punta del Aqua
Baja de las Majapalomas
Playa de las Conchas
157
Playa Lampra
La Baja del Ganado
Graciosa
Pedro Barba
Punta de Pedro Barba
O de la Sonda
Punta del Bajio
Las Agujas
266
Caleta de Burro
Caleta de Pedro Barba
Caletón de las Huertas
Caleta del Sebo
Caleta de Arriba
Punta Fariones
Playa de la Canteria
Playa Francesa
La Punta
Orzola
Charca de la Laja
El Río
El Arco
Mirador del Río
Caletón Blanco
Casas La Breña
Caleta del Mojón Blanco
La Bahía
Ye
Punta Prieta
La Caleta
Guinate
Los Lomillos
Los Molinos
Mágues
Cueva de los Verdes
Casas Las Escamas
C. del Guincho
Punta Escamas
C. de las Aulagas
Punta Guerra
Las Bajas
Haría
Punta Usaje
Jameos del Agua
Playa de Famara
Faja
451
Arrieta
Los Caletones
Bajamar
Los Picachos
Punta de Mujeres
Caleta de Campo
Cortijo de Don Juan Feo
La Caleta de Famara
Casa del Molino
Urbanización Famara
Tabayesco
Mirador de Haría
Playa de la Garita
Bco. de Tenegüime
Punta de la Pared
Ermita del Valle
Mala
Las Laderas
Los Valles
Playa del Serfío
Ermita de Rafael
Teguise
Eremita de San Sebastián
Guatiza
Charco del Palo
El Mojón
Castillo de Guanapay
Treseguite
Urbanización Los Cocoteros
Nazaret
Urbanización Oasis de Nazaret
Playa del Tío Joaquín
Urbanización Las Cabreras
Ensenada del Banco
Tahiche
Tahiche
321
Corona
235
Fundación César Manrique
Punta de Tierra Negra
Argana
Ensenada de la Gorrina
Las Salinas
Costa Teguise
Punta de Tope
Playa Bastián
Ensenada de las Caletas
Castillo de San José
Cádiz
Castillo de San Gabriel
Arrecife
Puerto del Rosario

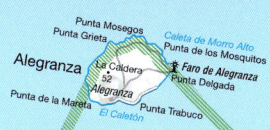

Geografie

Lanzarote, die älteste der Kanarischen Inseln, ist vor rund 20.000.000 Jahren entstanden. Die zu Spanien gehörende Vulkaninsel hat 213 km Küste, ist die nördlichste der sieben Kanarischen Inseln und liegt rund 130 km von der marokkanischen Küste entfernt. Von ihrer südlichen Nachbarinsel Fuerteventura trennt Lanzarote ein Meeresarm von knapp 11 km an seiner engsten Stelle. Die Fläche von Lanzarote beträgt 795 km²; bei 62 km Länge und 21 km Breite. Bei den meisten Wanderungen aus diesem Buch man kann immer den Atlantik sehen. Niemals geht der Eindruck verloren, dass wir uns auf einer Insel befinden. Die höchste Erhebung ist der Penas del Chache mit 672 m Höhe im Norden der Insel. Im Süden erhebt sich der Atalaya de Femés mit 608 m empor.

Fauna

Durch die vulkanische Entstehungsgeschichte sowie die isolierte Lage der Insel entwickelte sich eine überschaubare Artenvielfalt.

Dabei hatten die flugfähigen Tiere im Evolutionprozess einen klaren Vorteil.

Weiterhin ist die Tierwelt unter Wasser viel reicher an Nahrung als am Land. Daher kann man hier eine Vielzahl von Vogelarten wie die Möwe, Fischadler, Grauwürger, Wanderfalke, Kragentrappe, Gelbschnabelsturmtaucher, Großer Sturmtaucher, Regenpfeifer, Schmutzgeier, Wiedehopf und Seeschwalbe, beobachten. Seit 1994 gibt es sogar einen Neuankömmling mit dem „Himantopus himantopus" (Black-Winged Stilt – Stelzenläufer), der seine Nester bei den Salinas del Janubio aufgebaut hat.

Unter den Säugetieren existieren als eigene Arten nur die Spitzmaus und einige Fledermausarten. Alle anderen Säugetierarten wie Kaninchen Hunde, Katzen, Ziegen, Pferde und Dromedare wurden von Menschen auf die Insel gebracht.

Wenn man das Glück hat, einen Wiedehopf zu beobachten ...

Endemische Atlantik-Eidechse

Bei den Reptilien bevölkern insbesondere Eidechsen Lanzarote. Zu den wohl charakteristischsten Reptilien gehören die Endemische Atlantik-Eidechse und der glückbringende Kanarische Wandgecko.

Die Tierwelt des Atlantiks beeindruckt durch eine sehr große Artenvielfalt. In den Riffen des Chinijo-Archipel gibt es Barrakudas, Zackenbarsche und Stachelrochen. In den Gewässern auf der Fuerteventura vorgelagerten Insel Los Lobos kommen Hammerhaie vor. Nicht selten kann man auf Bootsausflügen Delfine, Wale, Schildkröten und fliegende Fische beobachten. Thunfische, Tintenfische und Seesterne können von Tauchern in ihrem natürlichen Lebensraum beobachtet werden.

Besonders zu erwähnen ist der augenlose Albinokrebs, der auf Lanzarote ausschließlich in den Höhlen der Salzwasserlagune Jameos del Agua lebt.

Flora

Die Natur auf Lanzarote wird von dem Mangel an Wasser geprägt. Aber im Frühjahr nach niederschlagsreichen Wintern explodiert die Natur und den Wanderer erwartet ein wahres Blütenmeer. In der 2. Jahreshälfte kehrt der Wüstencharakter auf die Insel zurück. Trotzdem gibt es auf Lanzarote über 600 Pflanzenarten, wobei etwa 20 Arten auf Lanzarote endemisch sind. Wobei man differenzieren muss, im Norden ist die Artenvielfalt weitaus größer als im trockeneren Süden der Insel. Die einzig grünen Oasen findet man in gepflegten Hotelanlagen.

Die Pflanzenwelt besteht hauptsächlich aus Sukkulenten, Wolfsmilch-gewächsen, Trockenpflanzen und Salzpflanzen. Es gibt so gut wie keine Bäume auf der Insel. Eine schön anzusehende Ausnahme sind die Dattelpalmen im Tal der 1000 Palmen von Haria. Außerdem sieht man gelegentlich Drachenbäume. Am Risco-del-Famara-Gebirgsmassiv findet man noch einen kleinen Lorbeerwald und an seinen Osthängen wenige Exemplare der kanarischen Kiefer.

In den Barrancos, die die Insel tief einschneiden, trifft man auf eine üppige Vegetation mit Feigenbäumen, Mandelbäumen, wildem Fenchel, Magerritten, der gefiederte Lavendel, Rutenkraut und den blauen Natternkopf. In der Gegend um Guatiza gibt es weitläufige Kaktusfelder. Auf den Kakteen wird die Cochenille-Laus gezüchtet, da man aus ihr den roten Farbstoff Karmin erlangen kann. Die in den Wüstengegenden heimische Aloe Vera wird im großen Stil auf Lanzarote angebaut. Die vielseitige Heilpflanze wird in zahlreichen Kosmetika, Lebensmitteln und

Drachenbäume am Tabayesco-Rundweg

Alltagsprodukten verwendet. Aloe Vera kühlt vorzüglich bei einem Sonnenbrand.

Orangefarbene Kleeseide auf dem Dornlattich

Klima

Mit ihrem ausgeglichenen Klima ist Lanzarote das perfekte Wanderziel für das ganze Jahr. Auch in den Wintermonaten sind die Temperaturen durchwegs frühlingshaft. Das Thermometer steigt auf behagliche 20–24°, die Wassertemperatur liegt zwischen 17 und 19°. Im Sommer fällt auf Lanzarote fast kein Regen. Dafür ist tagsüber aber die Sonneneinstrahlung sehr stark.

Diese Insel befindet sich im Einzugsgebiet der Passatwinde und des kühlen Kanarenstroms. Die Nordostwinde, deren Ursprung im Hochdruckgebiet der Azoren liegt, sorgen dafür, dass es nicht zu heiß wird. Regen fällt in den Monaten November bis März. Die durchschnittliche Jahresniederschlagsmenge von 135 mm liegt weit unter mitteleuropäischem Maß. Unter allen Kanarischen Inseln hat Lanzarote die geringste Niederschlagsmenge. Da die Berge auf Lanzarote niedrig sind, können sich die Passat-Wolken nicht an ihnen stauen wie auf anderen Kanarischen Inseln. Aber für einige Tage im Jahr dreht der Wind auf Ost oder Südost und dann kann andere afrikanische Hitze direkt aus der Sahara die Temperaturen auf über 40° treiben. Bei einem Besuch gilt es abzuwägen, ob man lieber im Sommer und Herbst im warmen Ozean baden möchte, oder im Frühjahr die Natur mit ihren Blüten erleben möchte.

	Januar	Februar	März	April	Mai	Juni	Juli	August	September	Oktober	November	Dezember
Tages-temperatur	21	22	22	23	23	25	27	29	28	26	24	21
Nacht-temperatur	13	13	14	14	15	16	18	18	18	18	16	14
Sonnen-stunden	6	7	8	8	9	9	10	9	8	7	6	6
Regentage pro Monat	3	2	1	1	0	0	0	0	1	1	3	4
Wasser-temperatur	18	18	17	17	18	20	20	20	22	22	20	19

Aloe Vera und dahinter der Penas del Chache

SCHWIERIGKEITSGRADE

■ LEICHT

Spaziergänge oder einfache Wanderungen auf breiten Wegen und gut begehbaren Pfaden oder Barrancos. Es gibt dabei keine besonderen Gefahrenstellen. Kräftige Steigungen, steinige oder rutschige Abschnitte sind jedoch möglich. Beschilderungen bestehen nicht überall und so kann es an Weggabelungen zu Orientierungsproblemen kommen.

■ MITTEL

Diese Touren führen in unwegsame und abgelegene Küstenstreifen oder Berggebiete und Barrancos. Einzelne Stellen und Passagen können felsig und abschüssig sein. Diese erfordern dann Trittsicherheit, Schwindelfreiheit und die nötige Wandererfahrung. Manche dieser Strecken setzen guten Orientierungssinn voraus.

■ SCHWER

Schwarze Routen sind anspruchsvoll und meistens auch lang. Sie erfordern sehr gutes Orientierungsvermögen. Rechnen Sie mit schmalen, steilen oder abschüssigen und rutschigen Abschnitten, aber auch mit extrem scharfkantigem Lavagestein und schwierigen Passagen durch Barrancos. Diese Bereiche setzen absolute Trittsicherheit, Schwindelfreiheit und teilweise erste Klettererfahrungen voraus. Diese Routen befinden sich in entlegenen Gebieten und somit ist keine rasche Hilfe zu erwarten.

AUSRÜSTUNG

Lanzarote ist eine Vulkaninsel, und sofern man auf den Lavaströmen

Die Weißkopfmöve ist allgegenwärtig

der Neuzeit läuft, besteht erhebliche Unfallgefahr, sich an den spitzen, teils messerscharfen Lavasteinen zu verletzen, wenn man stürzt. Daher ist hier besondere Vorsicht geboten, und wenn es die Temperaturen erlauben, sollte man eine lange Hose tragen. Weiterhin benötigt man feste, über die Knöchel reichende Wanderschuhe mit einer festen Profilgummisohle. Ein leichter Wanderschuh, oder sogar ein Turnschuh, eignet sich nur auf den leichten Touren, und hier im Speziellen auf der Promenaden-Wanderung. Da viele Wege auf sehr rutschigem Untergrund verlaufen, sind Wanderstöcke zur weiteren Unterstützung hilfreich. Je nach Jahreszeit empfehlen sich rasch trocknende Funktionskleidung, ein warmer Pullover sowie eine windfeste oder wasserfeste Jacke. Obligatorisch sind die Sonnencreme sowie ein passender Strohhut. Auf Reservekleidung kann man in der Regel aufgrund der hohen Durchschnittstemperaturen verzichten. Eine kleine Reiseapotheke, im Speziellen Desinfektionsspray bei kleinen Verletzungen an den Lavasteinen,

Überall Olivin-Einschlüsse des smaragdgrünen Minerals

eine Trillerpfeife für den Notfall gehören zur Standardausrüstung im Rucksack. Ein eingeschaltetes Handy ist empfehlenswert, da es auf der gesamten Insel guten Empfang gibt. Da es nicht auf allen Touren eine Einkehrmöglichkeit gibt, sollte noch dementsprechende Tourenverpflegung mit eingeplant werden. Da wir westlich von Afrika wandern und die Sonne sehr stark ist, sollten mindestens 1,5 l Wasser pro Person eingeplant werden.

ORIENTIERUNG UND MARKIERUNG

Auf Lanzarote durchquert der „Camino Naturale" die Insel von Nord nach Süd. Auf vielen Wanderungen aus diesem Wanderführer treffen wir auf ausgeschilderte Wegabschnitte dieser Wanderroute, die teilweise bei der Orientierung helfen. Die meisten Routen sind nicht ausgeschildert, aber mit Steinmännchen oder kleinen Steinpyramiden gekennzeichnet. So ist man auf seinen eigenen Orientierungssinn angewiesen. Eine gute Wanderkarte sollte bereits vor der Tour studiert werden und dann

dementsprechend auch mitgenommen werden. Smartphones erlauben die Navigation mittels eines GPS-Tracks, der von der Kompass-Homepage heruntergeladen werden kann.

GEFÜHRTE TOUREN

Marcelo Espino Cabello und Natalia Garrido Puente, die Geschäftsführer von www.canarytrekking.com, Tel.: +34 609 537 684 und +34 696 900 929 an der Costa Teguise, bieten geführte Touren an.

WANDERKARTEN

Die beste Übersicht über die gesamte Insel, ihr Wanderwegenetz und alle Ausflugsziele bietet die Kompasskarte Nummer 241 Lanzarote (mit umfassender Begleitbroschüre). Die GPS-genauen Kompasskarten sind die ideale Ergänzung für Ihre nächste Tour. Der lesefreundliche Maßstab und nützliche Informationen über die Region erleichtern Ihre Planung.

WEITERE WANDERWEGE

Der Fernwanderweg „Camino Naturale de Lanzarote" GR-131 durchquert auf 73,55 km die Insel von Nord nach Süd und verbindet dabei viele wichtige Sehenswürdigkeiten und kulturelle Stätten. Die Highlights sind der Peñas de Agite, Máguez, Haría, Cuesta de Malpaso, Peñas del Chache, Ermita de Las Nieves, Teguise, San Bartolomé, La Geria, Uga, Yaiza und Las Breñas.
Folgende fünf Etappen werden zurückgelegt:
GR-131, Etappe 1: Órzola – Haría, 12 km, 4 Std.

ALLGEMEINE TOURENHINWEISE

GR-131, Etappe 2: Haría – Teguise, 13,75 km, 4:30 Std.

GR-131, Etappe 3: Teguise – Tías, 18,5 km, 6 Std.

GR-131, Etappe 4: Tías – Yaiza, 14,25 km, 4:45 Std.

GR-131, Etappe 5: Yaiza – Playa Blanca, 15 km, 5 Std.

Die Inselregierung hat noch zwei neue Fernwanderwege angelegt:

Der GR-135 führt auf 85,70 km von Nord nach Süd entlang der Nordküste:

GR-135 N, Etappe 1: Órzola – Haria, 12 km, 4 Std.

GR-135 N, Etappe 2: Haría – La Santa, 20 km, 6:45 Std.

GR-135 N, Etappe 3: La Santa – Las Malvas, 17 km, 5:50 Std.

GR-135 N, Etappe 4: Las Malvas – El Golfo, 12,79 km, 4:20 Std.

GR-135 N, Etappe 5: El Golfo – Playa Blanca, 24 km, 8:00 Std.

Der GR-135 führt auf 86,30 km von Süd nach Nord entlang der Südküste:

GR-135 S, Etappe 1: Playa Blanca – Playa Quemada, 17,17 km, 5:45 Std.

GR-135 S, Etappe 2: Playa Quemada – Arrecife, 21,69 km, 7:15 Std.

GR-135 S, Etappe 3: Arrecife – Los Cocoteros, 21,74 km, 7:15 Std.

GR-135 S, Etappe 4: Los Cocoteros – Jameos del Agua, 14,41 km, 4:50 Std.

GR-135 S, Etappe 5: Jameos del Agua – Orzola, 11,32 km, 3:45 Std.

Weiterhin hat die Inselregierung noch zehn weitere Wanderungen veröffentlicht:

PR-LZ-01: Arrieta – Caleta de Famara, 18,6 km, 6 Std.

PR-LZ-03: Teguise – Caleta de Famara, 10,4 km, 3 Std.

PR-LZ-04: Teguise – Guatiza, 18 km, 7 Std.

PR-LZ-05: Tiagua – Caleta de Famara, 14,7 km, 3:50 Std.

PR-LZ-06: Mozaga – Yaiza, 24,77 km, 5:50 Std.

PR-LZ-09: Femés – Playa Blanca, 19,99 km, 4:35 Std.

PR-LZ-11: Femés – Playa Quemada, 6,8 km, 2 Std.

PR-LZ-16: Haría – Ermita de Las Nieves, 6,25 km, 2 Std.

PR-LZ-19: Mancha Blanca – Playa de las Malvas, 13,18 km, 3:30 Std.

PR-LZ-20: Caleta de Famara – Tinajo, 14,5 km, 3:30 Std.

Wanderweg der Inselregierung:
PR-LZ-01, Arrieta – Caleta de Famara

Der besondere Reiz dieser Tour liegt in der Kombination einer klassischen Bergbesteigung sowie einer tollen Bademöglichkeit – wie auf einer Kanarischen Insel auch erwartet – bei einer versteckten und Felsen eingesäumten Badebucht. Schon von der Playa Blanca im Süden von Lanzarote sieht man die markante Bergspitze des Hacha Grande mit 561 m emporsteigen. Ein 20 Millionen Jahre alter Vulkan, mit einem Hauch alpinen Charakters – sofern man das auf Lanzarote behaupten kann. Vom höchsten Punkt der Tour geht es über einen aussichtsreichen Bergrücken mit gleichmäßigem Gefälle bis direkt an den schwarzsandigen Traumstrand auf 0 m. Ein besonderes Erlebnis „Eins mit der Natur" auf Wegen fernab des Massentourismus (Tour 36).

Blick auf den Schotterweg, der ins Barranco führt

⭐ **1: Auf und um den Vulkan Monte Corona:** Sehr luftiger Rundweg am Kraterrand des zweithöchsten Berges der Insel.
→ Tour 5, Seite 38

⭐ **2: Barranco de Tenegüime:** Ausflug in ein Landschaftsschutzgebiet mit beeindruckender Flora und Fauna.
→ Tour 9, Seite 50

⭐ **3: Teguise – Castillo Santa Barbara – Lagomar:** Tolle Panoramarunde inklusive zwei top Sehenswürdigkeiten.
→ Tour 19, Seite 84

⭐ **4: El Grifo Montaña de Guardilama:** Mitten im Weinanbaugebiet wird der fünfthöchste Berg der Insel bestiegen.
→ Tour 22, Seite 93

⭐ **5: Die weißsandigen Papagayo-Strände:** Strandwanderung mit Schönwettergarantie in der „Südsee" Lanzarotes.
→ Tour 39, Seite 145

Weinanbau so weit das Auge reicht

AUF DEN AGUJAS GRANDES • 266 m

Eine tolle Runde auf den Aussichtsberg La Agujas Grandes auf der Insel La Graciosa nördlich von Lanzarote

 9 km 3:00 h 287 hm 287 hm 241

START | Fähre von Orzola zum Hafen Caleta del Sebo. Buslinie 09 von Arrecife nach Orzola. Mit dem Pkw von Arrecife auf der LZ 1 die 37 km nach Orzola. Bei der Verwendung eines Navigationssystems bitte die Eingabe der Koordinaten [29.230100 -13.502650].

CHARAKTER | Der Aufstieg auf den Vulkan ist steil und teils rutschig und erfordert Orientierungsvermögen.

Unsere Wanderung führt uns nördlich von Lanzarote auf die Insel La Graciosa. Bereits auf der Überfahrt mit dem Schiff kann man den Agujas Grande, eines unserer Ziele auf dieser Wanderung, bereits sehr schön sehen.

▶ Mit dem Schiff in Caleta del Sebo angekommen, am **Hafen und Start 01**, gehen wir über den großen Platz, um dann rechts durch die Schranke und bei der örtlichen Fischerei links zu gehen. Nach 50 m gehen wir halb rechts an dem Haus vorbei, um dann rechts an der Kirche vorbeizugehen und bei der nächsten Möglichkeit links abzubiegen.

Hinter dem Kinderspielplatz gehen wir rechts, um dann gleich wieder links in die nächste Straße zu biegen. An einer Wegkreuzung gehen wir rechts, bis wir bei einem Schild mit rostigen Pfeilern links in den Sandweg biegen, der

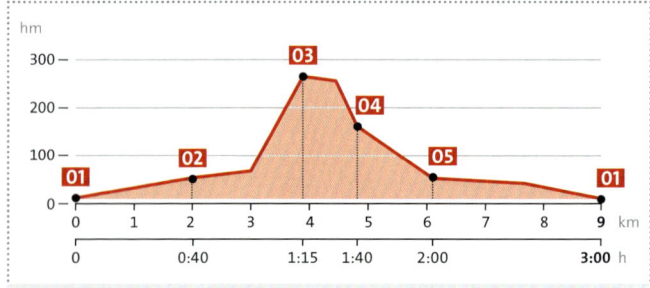

01 Hafen und Start, 7 m; **02** Abzweigung und Aufstieg, 52 m; **03** Agujas Grandes, 266 m; **04** Abzweigung ins Barranco, 163 m; **05** Auf dem Hauptweg, 52 m

direkt auf unser Zwischenziel, den markant gemusterten Vulkan, zusteuert. Nach 1,8 km erreichen wir Grundstücke, die mit Holzplatten eingesäumt sind, wo wir einfach gerade hindurchgehen. Nach den Palettenburgen kommen wir an eine Art Weggabelung, wo wir nun keinem der Wege folgen, sondern weglos und gerade in Verlängerung zu unserem eingeschlagenen Weg vom Hafen auf den Vulkan zugehen. Als Orientierungspunkt kann man aus der Entfernung ein kleines Steinmännchen und im Nichts zwei Wasserkästen sehen. Nach 250 m treffen wir auf einen Fahrweg. Beim Wegpunkt **02 Abzweigung und Aufstieg** gehen wir

nun rechts 950 m leicht bergauf, parallel zum Osthang des Vulkans. 50 Meter hinter einem Betonkasten und drei zaghaften Steinmännchen verlassen wir den Fahrweg und steigen weglos zur Einsattelung auf. Der Hang ist ziemlich steil, mit kleinem Geröll übersät, und daher rutschig. Es sind vereinzelt Spuren zu erkennen. Bei der Einsattelung gehen wir nun links auf dem breiten Kamm zum Gipfel des **Agujas Grandes 03** (266 m) vor. Es ergeben sich wunderschöne Ausblicke herüber nach Lanzarote und im Norden zum Playa de Las Conchas und der dahinterliegenden Insel Isla Montaña de Clara. Wir gehen nun in

Blick auf den La Agujas Grandes bei der Überfahrt

einem großen Halbkreis auf dem Kraterkamm und passieren einige größere Steinhaufen.

Nach einem nur kurzen Abstieg treffen wir auf den Wegpunkt **04** **Abzweigung ins Barranco**. Hier gehen wir nun rechts vom Barranco. Der Pfad ist nun nicht eindeutig, aber bei der Orientierung helfen ein paar brachliegende Felder, an denen wir links vorbeigehen. Auch stehen vereinzelt Steinmännchen. Kurzfristig ist ein Fahrweg zu erkennen, der dann aber auch wieder im Nichts verschwindet. Als Orientierungshilfe halten wir uns mittig zwischen einem Grundstück mit zwei Palmen und dem Barranco, der links von uns liegt. Aus der Entfernung kann man bereits zwei Wasserkästen erkennen, die sich am Hauptfahrweg befinden.

Am Wegpunkt **05** **auf dem Hauptweg** gehen wir links, um dann bei der Weggabelung nach 1 km dem ausgeschilderten Weg weiter geradeaus zum Hafen Caleta del Sebo 2 km zu folgen. Am Ortsrand von Caleta del Sebo führt die Calle La Popa auf direktem Weg zur Hafenmole herunter.

Blick vom Gipfel auf Caleta del Sebo

MONTAÑA AMARILLA UND PLAYA DE LA COCINA

Auf Montaña Amarilla und weiter zum Playa de la Cocina

 13,6 km 3:50 h 200 hm 200 hm 241

START | Bushaltestelle in Orzola. Buslinie 09 von Arrecife nach Orzola. Mit dem Pkw von Arrecife auf der LZ 1 die 37 km nach Orzola. Bei der Verwendung eines Navigationssystems, bitte die Eingabe der Koordinaten [29.229983 -13.502700].
Zur Überfahrt nach La Graciosa gibt es zwei Fährgesellschaften. Deren Fahrpläne befinden sich im Anhang.
CHARAKTER | Die Wanderung entlang der Strände und unterhalb der Steilküste ist durchwegs einfach. Der Anstieg zum Vulkan fordert das Orientierungsvermögen kurzfristig.

Unsere Wanderung führt uns nördlich von Lanzarote auf die Insel La Graciosa. Nur bei Ebbe kann man unterhalb der Steilküste der Montaña Amarilla um diesen herumgehen, um sie dann auch zu besteigen. Bitte informieren Sie sich unter www.gezeitenfisch.com/es/islas-canarias/arrecife-lanzarote bezüglich der zu erwartenden Tide.

▶ Mit dem Schiff in Caleta del Sebo angekommen, am **01 Hafen von La Graciosa**, verlassen wir den großen Platz nach links. Auf der rechten Seite sind Restaurants und auf der linken Seite ist ein kleiner Strandabschnitt. Dann nehmen wir die Calle la Popa und gehen diese landeinwärts, um bei der fünften Stichstraße

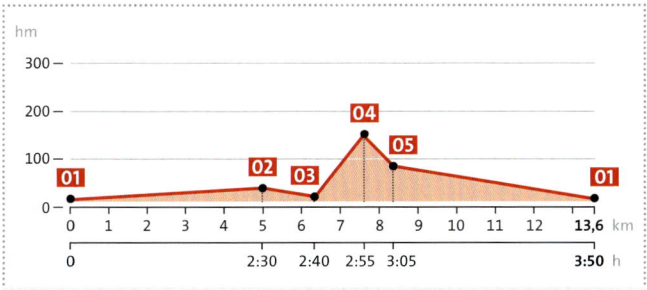

01 Hafen von La Graciosa, 11 m; **02** Playa de la Cocina, 36 m; **03** Sandpiste, 15 m; **04** Montaña Amarilla, 148 m; **05** Richtung Playas, 85 m

Auf der Überfahrt nach La Graciosa

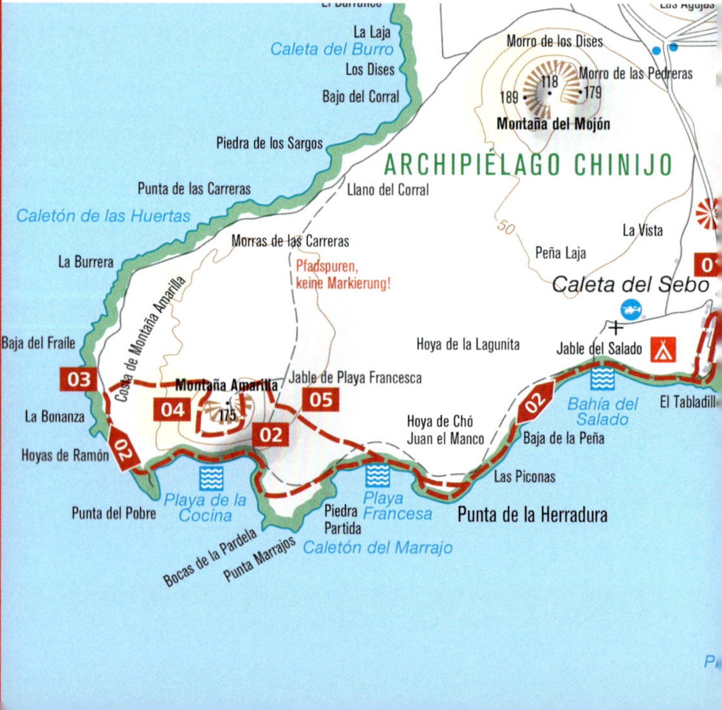

La Laja
Caleta del Burro
Los Dises
Bajo del Corral

Morro de los Dises
Morro de las Pedreras
189 118 179
Montaña del Mojón

Piedra de los Sargos

ARCHIPIÉLAGO CHINIJO

Punta de las Carreras
Llano del Corral

Caletón de las Huertas
50
Peña Laja
La Vista

Morras de las Carreras
Caleta del Sebo

La Burrera
Pfadspuren,
keine Markierung!

Baja del Fraíle

Hoya de la Lagunita
Jable del Salado

03
Montaña Amarilla
Jable de Playa Francesca
05
Bahía del
Salado
El Tabladill

04
175
02

La Bonanza
Hoya de Chó
Juan el Manco
Baja de la Peña

Hoyas de Ramón
02
02

Las Piconas

Playa de la
Cocina
Piedra
Partida
Playa
Francesa
Punta de la Herradura

Punta del Pobre

Bocas de la Pardela
Punta Marrajos
Caletón del Marrajo

links abzubiegen. Nach 650 m sehen wir auf der rechten Seite den einzigen Campingplatz von la Graciosa. Kurz später beginnt eine Sandpiste, der wir 1,2 km lang zunächst parallel zur Küste folgen, bis wir zu einer Lagune kommen, der Bahia del Salado. Je nach Gezeitenstand kann man quer durch die Lagune gehen, oder sonst geht es auf der Sandpiste weiter. Nach genau einem weiteren Kilometer öffnet sich der Blick auf den wunderschönen Playa Francesca. Der Schein trügt aber, denn schon am späten Vormittag kommen viele Ausflugsboote und an dem Strand wird es extrem voll! Nun dicht am Strand gehen wir bis an das äußerste Ende der Bucht. Hier zweigt halb rechts, in westlicher Richtung, leicht bergauf ein 2 m

breiter Sandpfad ab. Auf einer Anhöhe stehen wir fast direkt vor der Montaña Amarilla mit einer Explosion aus verschiedenen Farben von Ockergelb bis Rot.
Bei einer ersten Weggabelung gehen wir rechts und dann lassen wir zwei Abzweiger von rechts liegen und gehen nun herunter zum **02** **Playa de la Cocina** bis zum Ende des Strandes, unterhalb der Montaña Amarilla.
Wenn man nun trockenen Fußes unterhalb der Steilküste gehen kann, dann haben wir genügend viel Ebbe, um die 800 m zwischen Steilküste und Küstenlinie um den Vulkan herumzugehen. Schnell ist die Punta del Pobre erreicht. Erst erscheint der Aufstieg auf die Klippe schwierig, aber wenn man sich an dem dunkelbraunen Felsunter-

Blick auf den Playa de la Cocina

grund nach oben arbeitet, geht es einfach. Wir sind auf einem kleinen Plateau und folgen nun der Sandpiste in nördlicher Richtung. Nach einer Rechtskurve mit folgender Linkskurve und einem Barranco, das mit Steinen gepflastert ist, sehen wir auf der rechten Seite ein kleines Steinmännchen. Hier verlassen wir die **03 Sandpiste** nach rechts und gehen nun zunächst immer 20 m parallel zu dem Barranco, das wir bereits auf der Sandpiste gequert hatten. Das Barranco wird steiler und einige Stufen müssen umgangen werden. Auch ist zeitweilig ein Pfad mit Steinmännchen zu erkennen. Bei einer Barranco-Gabelung gehen wir links, um dann an einem nicht bewirtschafteten Feld mit Steinmauer vorbeizugehen. Den vor uns liegenden Hügel umgehen wir in einer langgezogenen Linkskurve, ohne dabei an Höhe zu verlieren. Hinter diesem Hügel be-

findet sich ein weiteres Barranco, dem wir nun in südlicher Richtung folgen, bis wir auf einen Pfad stoßen, welchen wir im Zickzack über einen Nebengipfel zur **04 Montaña Amarilla** nehmen. Der Vulkangipfel mit garantiertem Traumblick lädt zum Verweilen ein. Noch ein Warnhinweis: Im Mai brüten auf dem Nebengipfel viele Möwen, die ihre Nester attackenartig verteidigen, wenn man zu nah kommt! Danach gehen wir weiter auf dem Pfad, bis an den Vulkanfuß herunter. Hier gehen wir nun rechts um den Vulkan herum. Wollen wir noch etwas am Playa de la Cocina verweilen, gehen wir parallel zum Vulkan, um so wieder in die Bucht absteigen zu können. Geht es auf direktem Weg zum Hafen zurück, zweigt man nach 250 m links, **05 Richtung Playas**, zum Playa Francesca ab, und dann weiter zum Hafen. Der Hinweg ist auch der Rückweg.

PLAYA DE LA CANTERIA ZUM MIRADOR DEL RIO

Eine spannende Durchsteigung der Nordflanke des Famara-Gebirges mit gigantischen Blicken auf den Mirador del Rio

 8,6 km 3:30 h 503 hm 503 hm 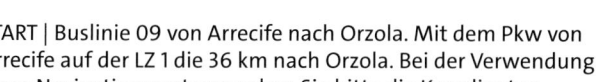241

START | Buslinie 09 von Arrecife nach Orzola. Mit dem Pkw von Arrecife auf der LZ 1 die 36 km nach Orzola. Bei der Verwendung eines Navigationssystems geben Sie bitte die Koordinaten [29.219117 -13.451850] ein.

CHARAKTER | Der Einstieg in das Barranco erfordert Orientierungssinn und ein bisschen Klettererfahrung. Im Barranco und später auf dem Ausläufer des Bergkamms ist der Untergrund rutschig und steil.

Der Norden Lanzarotes wird vom Gebirgszug Risco de Famara geprägt, der etwa vor 12 Millionen Jahren entstand. Nur das Bergmassiv Los Ajaches im Süden der Insel ist noch älter. Es ist ein 15 km langer und bis zu 670 m hoher Bergrücken parallel zur Küste.

Unsere Wanderung führt durch eine Nordflanke vom nördlichsten Inselzipfel.

▶ An der **01** **Bushaltestelle** in **Orzola**, wo wir auch das Auto parken können, gehen wir bis zur Straße vor, die zum Hafen führt. Nach

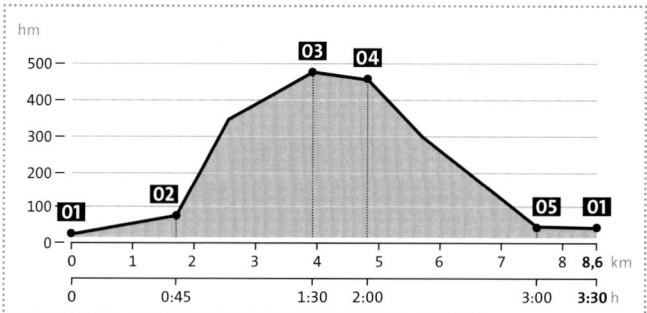

01 Bushaltestelle Orzola, 16 m; **02** Einstieg in das Barranco, 81 m; **03** Mirador del Rio, 484 m; **04** Abstieg Schlüsselstelle, 458 m; **05** alter Handelsweg, 40 m

120 m bei einem Chromgeländer biegen wir links in den Weg ein, der dann auch zur Schotterstraße wird. Vorbei geht es an einem Klärwerk halb rechts, um dann einen links abzweigenden Weg in den Hang oberhalb der Playa de la Canteria zu nehmen. Dieser Weg ist durch zwei große Steine für Autos blockiert. Nach einer Linkskehre in einer Rechtskehre stehen wir vor einem großen Wasserfall.

Wir gehen noch weitere 50 m auf diesem Weg, um dann parallel zu ihm beim Wegpunkt **02 Einstieg in das Barranco** auf dem kleinen Grat mit den großen schwarzen Lavasteinen landeinwärts aufzusteigen. Nach ein bisschen Bullock-Kletterei gehen wir ein paar Meter herunter und erreichen das Barranco, das den Wasserfall nährt, wenn es denn mal Niederschlag gegeben hat. Im Barranco gehen wir nun leicht bergauf und bei einer Gabelung kommt ein weiteres Barranco von rechts hinzu, wo wir links weiter landeinwärts gehen. Im Verlauf des Barranco klettern wir durch zwei Gumpen weiter bergauf. An einer weiteren Barranco-Gabelung nehmen wir abermals den linken

Abzweiger und gehen nicht in das rechte Barranco. Inzwischen ist das Barranco nur noch 2–3 m breit und der Untergrund besteht aus braunen weißschwarzen Steinen. In ca. 100 m Entfernung sehen wir einen Wasserfall, der so aussieht, als ob er weiß angemalt worden wäre. An dieser weiteren Schlüsselstelle ändern wir unsere Strategie, da unüberwindbare Wasserfälle den Weg versperren.

Anstatt im Barranco steigen wir nun aus diesem heraus und gehen auf einem Ausläufer des Bergkamms, der rechts von uns liegt. Dazu queren wir 100 m aus dem Barranco heraus, ohne dabei an Höhe zu gewinnen. Der gesamte Weg bis zum oberen Bergkamm ist nun komplett weglos. Als Orientierungshilfe gehen wir immer mittig auf diesem Bergkamm, um nach 200 Höhenmeter bei einer Erosionsrinne rechts auf einen weiteren Bergkamm Richtung Spitze zu gehen. Teilweise befinden sich neben der Erosionsrinne Steinmauern, was vermuten lässt, dass dieser Weg vielleicht eine Handelsfahrt aus alten Zeiten sein könnte. Nach 450 m gehen wir links in das Barranco mit den

Blick auf den Aufstieg

Mirador del Rio

Der Aussichtspunkt Mirador del Rio befindet sich in 475 m Höhe an der Steilküste des Famara-Massivs. Er basiert auf einen Entwurf der bekannten Künstler César Manrique und Jesús Rafael Soto. Bereits nach seiner Fertigstellung zählte das Werk mit zu den modernsten Bauwerken der Welt in dieser Zeit. An der Stelle des heutigen Mirador befand sich während des Kuba-Krieges gegen Ende des 19. Jahrhunderts ein wichtiger Artilleriestützpunkt, dessen Reste man heute noch etwas östlich des Aussichtspunktes entdecken kann. Das architektonische Meisterwerk besteht aus einer über dem Abgrund befindlichen Brüstung, die in den Felsen integriert wurde. In dem Bauwerk befinden sich ein Café mit großflächigen Panoramascheiben, ein Souvenirgeschäft sowie ein Raum mit Sitzecken und einem Kamin. Darüber befindet sich eine teilweise verglaste Aussichtsplattform. Das Gebäude wurde in alle Himmelsrichtungen verglast, sodass man rundum die fantastische Aussicht genießen kann. Manrique verzichtete bei seinen Bauplänen auf rechte Winkel, alle Räume, der Parkplatz, die Bar und die Aussichtsplattform sind rund und sehr schlicht gehalten.

Beim Aufstieg Blick zur Küste

glattpolierten braunen Steinen und folgen diesem nun bis zum Hauptkamm vor, wo wir auch bald ein kleines Steinhaus sehen. Die Aussicht über die Atlantikküste ist hier einfach atemberaubend. Die Klippen des Risco de Famara fallen beinahe senkrecht zum Meer ab. Über die Meerenge Rio kann man das benachbarte Chinijo-Archipel mit den Inseln La Graciosa, Alegranza, Montaña Clara und dem Felsen Roque del Este aus der Vogelperspektive sehen.

Bei einem Betonpfeiler (481 m), dem höchsten Punkt unserer Wanderung, erreichen wir den Wegpunkt **03** **Mirador del Rio** und haben einen Traumblick auf diesen. Es empfiehlt sich die Besichtigung des Mirador del Rio. Danach gehen wir links über den Parkplatz, um dann an der Straßengabelung links in den linken der beiden Schotterwege einzubiegen. Nach 250 m macht der Schotterweg eine Linkskurve um

ein Barranco herum. An diesem Wegpunkt **04** **Abstieg Schlüsselstelle** direkt hinter dem Barranco gehen wir rechts, zunächst ein Stück auf einem kaum zu erkennenden Pfad. In der Entfernung kann man einen Strommasten sehen, an dem große schwarze Kabel aufgerollt hängen.

Wir queren noch zwei größere Barrancos, bis dann ein Pfad sichtbar wird, der nun 2,2 km über diesen Bergkamm, nach einer Rechtskurve, im Talgrund ankommt.

150 m vor uns liegt ein markanter Felsen. Wir gehen links an diesem Felsen vorbei, um direkt dahinter auf der Schotterstraße rechts zu gehen, und dann nach 50 m links bei dem Wegpunkt **05** **alter Handelsweg** links auf dem Weg, der inzwischen zu einem Barranco geworden ist, 1,1 km bis nach Orzola zu gehen. Bei dem verchromten Metallgeländer gehen wir auf die Hauptstraße zurück und dann weiter zum **Ausgangspunkt** **01**.

Uns erwarten Panorama-Ausblicke vom Gebirgsmassiv Risco de Famara

 8,9 km 2:30 h 380 hm 380 hm 241

START | Mit der Buslinie 7 kann man leider nur bis Sociedad de Máguez fahren und müsste dann noch 6 km einfach zum Start laufen. Mit dem Pkw sind es von Arrecife 35 km. Richtung Arrieta auf der LZ 1, LZ-201. Richtung Mirador del Rio, nach dem Yè rechts in die LZ-202 (ist aber nicht ausgezeichnet). 100 m nach der Finca la Corona links in den Pflasterweg abbiegen, der in einem Parkplatz mündet. Bei der Verwendung eines Navigationssystems, bitte die Eingabe der Koordinaten [29.196483 -13.492333].

CHARAKTER | Die Orientierung ist immer eindeutig. Nach warmen Sommertagen ist die Nordwestflanke des Famara-Gebirgszugs stark erwärmt und somit wird der Aufstieg zum Parkplatz erschwert.

Der Norden Lanzarotes wird vom Gebirgszug Risco de Famara geprägt, der etwa vor 12 Millionen Jahren entstand. Hier erwartet uns eine der beliebtesten Wanderungen im Norden der Insel. Früher haben die Fischer von La Graciosa ihren Fang zuerst über die Meeresenge El Rio befördert, um ihn dann über einen alten Pfad, den Camino de Guatifay, zum Verkauf nach Orzola oder Arrieta zu bringen. Als Verbindungsweg zu einer verlassenen Saline und einem Traumstrand begehen wir diesen Camino.

▶ Vom **01 Parkplatz** Las Rochitas gehen wir den Pflasterweg bis

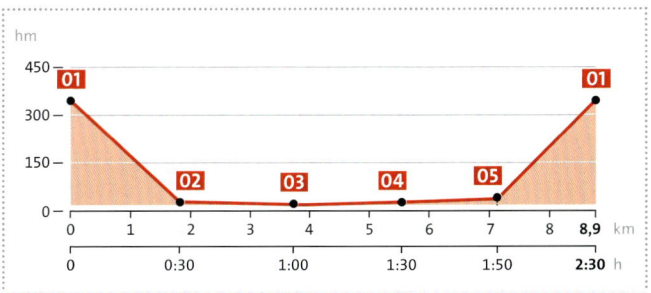

01 Parkplatz, 339 m; **02** am Fuß des Famara, 18 m; **03** Richtung Salinen, 5 m; **04** Playa del Risco, 11 m; **05** Steinburg, 20 m

Blick auf den Monte Corona von der Insel La Graciosa

zum Rand der Klippe vor. Es ergeben sich traumhafte Blicke auf die Meeresenge El Rio sowie die Nachbarinsel La Graciosa, welche zum Naturpark des Chinijo-Archipels gehört. Auch sieht man schon Richtung Norden unsere Zwischenziele, die Salinen, sowie den Traumstrand Famara del Risco. In steilen Kehren geht es nun im Zickzack bergab. Parallel zum Weg verlaufen Strommasten, die aber nicht zur Orientierung benötigt werden, da der Weg eindeutig ist. Bei der schönen Aussicht sollte man aber auf den mit Geröll übersäten Weg achtgeben.

Bereits nach 30 Minuten, **02 am Fuß des Famara-Gebirgsmassivs**, sind wir schon 340 Höhenmeter abgestiegen. An einer Weggabelung treffen wir auf einen alten Küstenpfad, der aus dem kleinen Örtchen Caleta de Famara kommt. Hier gehen wir rechts in nördlicher Richtung auf einem Schotterpfad. Nach weiteren 10 Minuten lassen wir einen Abzweiger links zum Playa del Risco liegen und bleiben auf dem Schotterpfad. Wir gehen noch weiter in nördlicher Richtung und 300 m hinter zwei Ruinen gehen wir nun halb links direkt auf

die Salinen zu. Die **03 Salinen** wurden zu einer Zeit angelegt, als der Fisch noch vor Ort verarbeitet wurde und dafür Salz zur Konservierung benötigt wurde. Einige ihrer Felder zeigen eine eigenartige rote Farbe, die zurückzuführen ist auf das kleine Krustentier Artemi salina, den Salinenkrebs, der sich im Salzwasser kräftig vermehrt. Zwischen zwei Becken, in denen sonst das Wasser verdampft ist, führt eine begehbare Steinmauer auf die andere Seite der Saline. An dieser Stelle ist die Meeresenge El Rio nur 1,4 km breit. Hier befindet sich auch das Erdkabel für die Stromversorgung auf La Graciosa. Hier angekommen, gehen wir links zunächst parallel zu einem Becken und treffen dann auch auf einen Pfad, dem wir nun wieder Richtung Playa del Risco folgen.

Wir erreichen den 500 m breiten, feinen weißen Sandstrand, den **04 Playa del Risco**. Er gehört mit zu den einsamen Stränden der Insel, weil er nur schwer zugänglich ist. Da die Passatwinde aus nordöstlicher Richtung meistens kräftig blasen, kann es aber an diesem Strand sehr windig werden. Der Wellengang ist in der Regel nicht so hoch, weil die Bildung der Dünung durch die vorgelagerte Insel La Graciosa gemindert wird. Trotzdem sollte man nur bei ruhiger See baden.

Möchte man aber bei starkem Wind noch ein bisschen die Einsamkeit genießen, geht man ganz bis zum Südende des Strandes vor und dann noch 300 m weiter in Richtung Westen, wo man vereinzelt stehende **05** **Steinburgen** nutzen kann. Danach gehen wir in südöstlicher Richtung weglos auf das Famara-Gebirge zu, um dann auf den Camino zu treffen, um auf diesem wieder zum **Ausgangspunkt 01** zurückzugehen.

Am Playa del Risco

AUF UND UM DEN MONTE CORONA • 609 m

Besteigung des Monte Corona

 3,5 km 1:40 h 246 hm 246 hm 241

START | Mit der Buslinie 7 kann man leider nur bis Sociedad de Máguez fahren und müsste dann noch einmal 5 km einfach zum Start laufen. Mit dem Pkw auf der LZ 201 von Arrieta und Arrecife kommend erreicht man Yè im Norden der Insel. Dort kann man direkt links vor der Kirche in der Calle San Francisco Javier parken. Als weitere Orientierungshilfe kann man auch der Ausschilderung zum Mirador del Rio folgen. Bei der Verwendung eines Navigationssystems geben Sie bitte die Koordinaten [29.195650 -13.483750] ein.

CHARAKTER | Der Anstieg bis zum Kraterrand ist einfach. Ab dem Kraterrand wird es teils weglos und steil. Die Orientierung ist problemlos, da man den Kraterrand immer im Blick hat.

Der Monte Corona ragt 609 m über den Wasserspiegel. Die submarine Höhe, gemessen vom Fuß des Berges unter dem Meeresboden, beträgt etwa 3600 Meter. Wir besteigen einen klassischen Vulkan der Neuzeit mit seinem nach Nordost offenen Krater. Oft ist der Monte Corona in Nebel gehüllt, wenn die vom Passat aufsteigende Luft mit zunehmender Höhe kondensiert. Der Aufstieg sollte gut geplant sein, um nicht in den Wolken zu gehen. Am Kraterrand haben wir 360° Panorama-Rundsicht über die ganze Nordinsel.

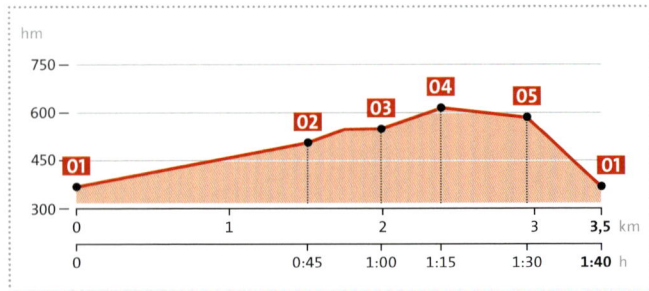

01 Kirche im Ort Yè, 366 m; **02** Kraterrand, 491 m; **03** Schlüsselstelle, 509 m; **04** Monte Corona, 609 m; **05** Felsdurchbruch, 595 m

Blick auf den Monte Corona von Yè

▶ Von der **01 Kirche im Ort Yè**, die dem Schutzheiligen des Dorfes San Francisco Javier gewidmet wurde, geht es 140 m auf der Calle San Francisco Javier in Richtung Osten, um dann rechts in einen der vielen Wirtschaftswege aus Lavagestein einzubiegen. In zwei größeren Kehren gehen wir nun durch Weingärten, die teils bis an die Basis des Kraters angelegt sind, direkt auf den Monte Coro-

na zu. Wie überall auf Lanzarote, werden auch hier die Weinstöcke mit Steinmauern vor dem Wind geschützt.

Nach 30 Minuten erreichen wir den **02 Kraterrand**. Nun schauen wir vom Kraterrand tief in den offenen Schlund des Kratergrunds, der auf 425 m liegt. Es bietet sich ein spektakulärer Blick. An dieser Stelle ergeben sich zwei Varianten. Als die einfachere Variante kann man über den rechts von uns liegenden Grat auf den nördlichen Rand des Vulkans steigen und dann wieder zurückgehen. Seine Spitze ist aber gut 25 m niedriger als der Südgipfel. Gehen wir die volle Runde auf dem Kraterrand, folgt der Weg dem Uhrzeigersinn und ist aufgrund der besseren Orientierung zu empfehlen. Links ist nun ein Pfad zu erkennen, dem wir folgen. Nach 150 m haben wir einen kleinen Fels bestiegen und wir sehen rechts den Kraterrand mit einem Felsgrad, der so zerklüftet ist, dass wir ihn umgehen müssen.

An dieser **03 Schlüsselstelle** steigen wir dann 20 hm ab, um dann ohne an Höhe zu verlieren durch

Lavatunnel

Vor etwa 20.000 Jahren entstand im Norden von Lanzarote durch einen Vulkanausbruch der zweithöchste Berg der Insel, der Monte Corona. Die Hauptmasse der Lava floss nach Osten und es entstand ein riesiges Lavafeld, die Malpais de la Corona, die heute ein Naturdenkmal ist. Unter Malpais versteht man so zerklüftete Oberflächen, so dass diese nicht landwirtschaftlich nutzbar sind. Eine besondere Sehenswürdigkeit ist der 8,4 km lange Lavatunnel Cueva de los Verdes unterhalb der Malpais de la Corona. Der Tunnel beginnt direkt unter dem Wegpunkt **03** **Schlüsselstelle** und endet noch 1,5 km von der Küste entfernt, unter dem Meer. Der Lavatunnel ist das längste vulkanische Gangsystem der Welt. Wie lässt sich diese geologische Besonderheit erklären? Es ergossen sich endlose Lavaströme über das Meer. Die oberflächlichen Lavaströme gaben ihre Wärme an die Umgebung ab und erkalteten so schneller und verfestigten sich somit an der Luft. Die unterirdischen Lavaströme flossen unter der erstarrten Oberfläche weiter und hinterließen eine Höhle, als der Lavastrom dann versiegte. Schaut man von unserer Position Richtung Süden kann man so genannte Jameos erkennen. Das sind Stellen, wo die Tunneldecke eingebrochen ist. Diese sind bis zu zwanzig Meter tief. Nur zwei Kilometer des Lavatunnels sind begehbar, aber ein großer Teil konnte bislang noch nicht erforscht werden. Daher die Empfehlung, auf jeden Fall die Cueva de los Verdes N29 09.616 W13 26.310 besuchen. Für Touristen hat man einen Rundgang erschlossen, der bis zu 50 Meter tief unter die Erde führt. Der Besuch ist ausschließlich mit einem Führer möglich. In zwei weiteren großen Einbrüchen hat Cesar Manrique ein beeindruckendes Kunstwerk, das so genannte Jameos del Agua, gestaltet. Den Besucher erwarten exotische Pflanzen, ein Salzwassersee mit endemischen Krebsen, ein Konzertraum sowie ein Restaurant.

granulatähnliches Lavagestein 200 m auf gleicher Höhe gehen. Wir folgen nun dem felsigen Grat, der gerade hoch an den Kraterrand führt und gehen rechts hoch, links vom Grat, in Kehren bis zum Gipfel. Auf dem **04** **Monte Corona** (609 m) ergeben sich beeindruckende Blicke über die Malpeis de Corona bis nach Arrieta, die Sanddünen bei Orzola, den Mirador del Rio, im Hintergrund die Insel Graciosa und das Eiland Montaña Clara und weiter links bis zum Risco de Famara.

Nur kurz später kommen wir zu einem **05** **Felsdurchbruch**, von wo aus man gut in der Ferne den Herrensitz La Torrecella de Domingo sehen kann. Wir gehen – mal am Kraterrand, mal auf einer Trittspur – noch weitere 15 Minuten, bis wird den Nordgipfel erreichen. Von hier geht es in Kehren wieder herunter zum untersten Kraterrand. Hier gehen wir dann links den gleichen Weg zurück und erreichen nach den ersten Landhäusern die LZ-201 und die Kirche, wo wir unser Auto geparkt haben.

RISCO-DE-FAMARA-GRATWANDERUNG

Zuerst auf einem Grat und dann auf einem Höhenweg umwandern wir das Valle de Guinate

 5,6 km 1:50 h 160 hm 160 hm 241

START | Mit der Buslinie 7 kann man bis Sociedad de Máguez fahren. Von da sind es 5 km einfach zum Start. Mit dem Pkw sind es von Arrecife 33 km. Dazu fährt man bis Arrieta auf der LZ 1 und danach weiter auf der LZ-201. Dann rechts abbiegen Richtung Guinate und Tropcial Park und gleich nach 400 m links (rechts hängt ein gelber Briefkasten) bis zum Parkplatz bei der Kirche vorfahren. Bei der Verwendung eines mobilen Navigationssystems bitte die Koordinaten [29.180317 -13.496800] eingeben.
CHARAKTER | Bis auf die spektakuläre Gratwanderung erwartet uns ein durchwegs einfacher Spaziergang. Aufgrund des stetig wehenden Nordost-Passats ist mit erhöhter Wolkenbildung zu rechnen.

Im Frühjahr nach heftigen Regenfällen ist das Hochtal Valle de Guinate mit Blumen übersät und besonders schön anzusehen. Dazu kommen traumhafte Fernblicke bei der Wanderung auf dem Grat sowie dem nachfolgenden Höhenwanderweg.

▶ Vom **01 Parkplatz** geht es auf der Asphaltstraße, die schnell zur Schotterstraße wird, taleinwärts. Bereits nach 450 m zweigen wir rechts auf den Schotterweg ab, der bei uns durch eine Kette versperrt war, und der direkt auf eine weiße Ruine zuführt.

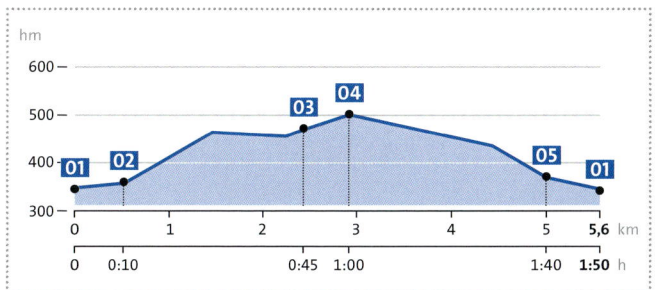

01 Parkplatz, 345 m; **02** Anstieg zum Grat, 361 m; **03** Mirador, 475 m; **04** Brunnen am Wegrand, 500 m; **05** Straße links, 369 m

Der zu besteigende Grat

Neben dem Gebäude links beginnt der **02** **Anstieg zum Grat**. Ab hier geht es nun stetig bergauf und je mehr wir an Höhe gewinnen, umso beeindruckender werden die Tiefblicke zur Nachbarinsel La Graciosa und die Meeresenge El Rio. Je nachdem wie schwindelfrei man ist, gibt es einen Weg direkt am Grat, aber auch einen Weg etwas höher am Kamm.

Wir sind nicht mehr weit entfernt von der unter uns liegenden Schotterstraße, bis wir zu einem angelegten **03** **Mirador** gelangen, der aber etwas versteckt liegt. Aus 475 m Höhe schauen wir nun direkt auf die Küste. Vom Mirador steigen wir direkt zur Schotterstraße ab und gehen rechts bergauf weiter. Auf einer Anhöhe, bei einer Gabelung, gehen wir zunächst rechts, um uns die **04** **Brunnen am Wegrand** anzuschauen. Tafeln geben weitere nützliche Informationen. Wir kehren wieder um und gehen nun an der Weggabelung geradeaus weiter. Im Verlauf dieses Höhenweges hat die Inselregierung noch weitere interessante Informationstafeln aufgestellt. Gemächlich schlängelt sich der Weg dahin und es ergeben sich immer wieder traumhafte Blicke auf die vorgelagerte Inselwelt. Wir erreichen die **05** **Straße** und gehen hier links zum **Ausgangspunkt 01** zurück.

Blick in das Valle de Guinate

VON MÁGUEZ AUF DEN LOS HELECHOS • 581 m

Aussichtsreiche Besteigung des siebthöchsten Berges der Insel

 7,7 km 2:30 h 318 hm 318 hm 241

START | Mit der Buslinie 7 bis nach Sociedad de Máguez fahren. Mit dem Pkw sind es von Arrecife 30 km. Zunächst auf der LZ-1 bis Tahiche, um dann auf der LZ-10 Richtung Haria und weiter nach Máguez zu fahren. Im Ort biegen wir rechts in die Calle Luis Morote und können das Auto direkt an der Kirche parken. Bei der Verwendung eines mobilen Navigationssystems, bitte die Eingabe der Koordinaten [29.159283 -13.495383].

CHARAKTER | Die gesamte Wanderung verläuft auf durchwegs einfachen Wegen bei eindeutiger Orientierung.

Der Ausgangspunkt der Wanderung ist das kleine Dorf Máguez in der Gemeinde von Haria. Wir durchqueren auf dem Camino de Gayo einen sehr markanten Teil der Insel, geprägt von vulkanischer Aktivität und Erosionsprozessen, das Famara-Bergmassiv.

▶ Von der 01 **Kirche in Máguez** gehen wir in nördlicher Richtung in die Einbahnstraße Calle de Dice. Nach 425 m queren wir die Hauptstraße LZ-10 und gehen bei dem Eckhaus mit der Hausnummer 3 mit dunkelgrünen Türen und Fenstern nun links die Asphaltstraße

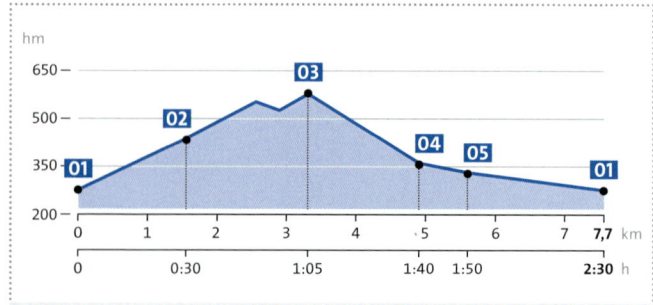

01 Kirche Máguez, 273 m; 02 Informationstafel, 438 m; 03 Los Helechos, 581 m; 04 FV-210, 358 m; 05 Kartoffelkammer, 335 m

Blick über Haria zum Los Helechos

bergauf. Nach 350 m verlassen wir in einer Rechtskurve die Asphaltstraße, um links über einen Pfad eine Abkürzung zu nehmen. Wir treffen wieder auf die Asphaltstraße und gehen links, in einer Ebene mit vielen Feldern, leicht bergauf weiter.

In einer scharfen Linkskurve der Asphaltstraße, rechts steht eine **02 Informationstafel**, gehen wir geradeaus weiter und lassen den rechten Abzweiger zum Vulkan liegen und gehen nun halb links auf einem Pfad aus Vulkangranulat, teilweise beschwerlich,

Wanderer am Grat zum Los Helechos

bergauf bis zu einem Bergkamm. Hinter einer kleinen Steinmauer befindet sich ein Schotterweg, dem wir nun links vorbei an einem Mini-Haus folgen. Danach geht es kurz leicht bergab, um dann rechts über den Vulkangrat den Gipfel des Vulkans **03** **Los Helechos** (581 m) zu erklimmen. Auf dem Kraterrand geht es zunächst in östlicher Richtung weiter, um dann in nördlicher Richtung abzusteigen. Wir erreichen die unterste nordöstliche Öffnung des Vulkans. Bei einer Weggabelung mit verschiedenen Möglichkeiten ist der Weg nicht eindeutig zu erkennen. Wir gehen geradeaus auf ein paar Palmen zu. Der Weg wird nun breiter und führt links vorbei an zwei weiteren Palmen. Bei der Schotterstraße geht es rechts weiter und bei der folgenden Asphaltstraße müssen wir wieder rechts gehen. Wir queren die **04** **FV-210** und gehen dann halb rechts in die gegenüberliegende Schotterstraße, die nach 400 m eine scharfe Rechtskurve macht.

Bei einer Weggabelung gehen wir abermals rechts und nun ein kurzes Stück auf dem „Camino Natural de Lanzarote Sedero Órzola con Playa Blanca". Der Weg führt vorbei an vielen Feldern, auf denen Kartoffeln und Mais angebaut werden. Viele Einheimische reden von dieser Region auch als die **05** **Kartoffelkammer** Lanzarotes, da diese hier sehr gute Bedingungen vorfinden. Bei einer Weggabelung treffen wir auf die Asphaltstraße, um dann nach 100 m in die Einbahnstraße zu gehen und dieser durch das Dorf zu folgen, bis wir rechts in die Calle Luis Morote zum **Ausgangspunkt** **01** zurückgehen.

Blick in den Vulkankrater des Los Helechos

MIRADOR DEL BOSEQUECILLO UND MIRADOR TENSIA

Von Haria zu zwei beeindruckenden Aussichtsterrassen

 9,7 km 3:15 h 322 hm 322 hm 241

START | Mit der Buslinie 7 bis zum La Plaza Haria fahren. Die Haltestelle ist direkt an der Straße hinter der Kirche. Mit dem Pkw sind es von Arrecife 28 km. Zunächst auf der LZ-1 bis Tahiche und dann auf der LZ-10 Richtung Haria. Bereits in Haria rechts in die Calle la Hoya abbiegen, um dann links in die Calle Fajardo zu fahren; bei der ersten Abzweigung links hinter der Kirche kann man gut parken. Bei der Verwendung eines mobilen Navigationssystems, bitte die Eingabe der Koordinaten [29.147617 -13.498783].

CHARAKTER | Es erwarten uns gut begehbare Wege bei nicht immer eindeutiger Orientierung.

Nach einer bereits abenteuerlichen Anfahrt erreichen wir das Bergdorf Haria. Eingebettet zwischen hohen Bergen und sehr vielen Palmen wirkt Haria sehr orientalisch. Auf dem Friedhof von Haria befindet sich das Grab von César Manrique, der im September 1992 bei einem Autounfall in Tahiche ums Leben kam.

▶ Von der **01** **Kirche in Haria** geht es durch die Fußgängerzone weiter zum Plaza de la Constitution. Links von uns liegt nun das Rathaus und nach weiteren 50 m biegen wir links in die Calle César Manrique und folgen der Ausschilderung Richtung Valle de Malpaso. Der Weg führt nun aus dem Ort heraus und schon nach

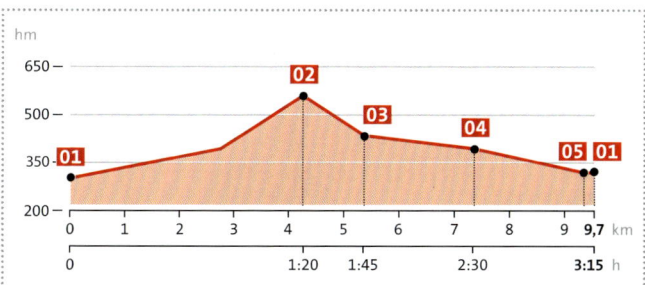

01 Haria Kirche, 294 m; **02** Mirador del Bosequecillo, 607 m;
03 links Höhenweg, 444 m; **04** Mirador Tensia, 391 m;
05 Plaza León y Castillo, 289 m

kurzer Zeit kommen wir an dem letzten Korbmacher der Insel sowie der Stiftung Cesar Manrique vorbei. 120 m nach dem Museum macht die Straße eine scharfe Rechtskurve und der Weg führt rechts vorbei an dem örtlichen Fußballstadion, nach dem wir links abbiegen. Nach einer ca. 2 m hohen Grundstücksmauer links von uns lassen wir Haria nun endgültig hinter uns. Der Weg wird nun durch ein rot-braunes Tor versperrt. Hier gehen wir links in das Barranco und weiter, bis wir auf eine Schotterstraße treffen. Als Variante kann man hier bereits rechts gehen und ab dem Wegpunkt **03** weiter navigieren. Sonst queren wir die Schotterstraße und gehen weiter im Barranco, links vorbei an der Kette, nun stetig bergauf. Im Zickzack geht es durch eines der beiden kleinen Wäldchen auf der Insel vorbei an Wasserauffangbecken und einer Ruine, bis wir auf Felder treffen. Bei diesen queren wir die Schotterstraße und gehen auf einem Weg, eingefasst von Steinmauern.

Nach 120 m macht der Weg eine Rechtskurve und wir gehen nun direkt auf den Grat zu, um dann links die restlichen Meter hoch bis zum **02** **Mirador del Bosequecillo** im Famara-del-Risco-Gebirgszug zurückzulegen. Es ergeben sich atemberaubende Tiefblicke auf den 600 m tiefer liegenden Küstenstreifen.

Wir gehen dann zunächst den gleichen Weg wieder zurück, passieren das kleine Waldgebiet und gehen nun bei der Schotterstraße **03** **links** auf den **Höhenweg**.

Nun immer gemütlich bergab erreichen wir den **04** **Mirador Tensia** auf 450 m Höhe. Meistens bläst hier der Nordost-Passatwind extrem stark, aber hinter der Mauer am Mirador kann man windgeschützt die Aussicht genießen.

Weiter führt die Schotterstraße in östlicher Richtung direkt herunter nach Haria. Wir kommen vorbei am Rathaus und gehen hier zweimal links, um dann rechts in den **05** **Plaza León y Castillo** mit seinen schattigen Birkenfeigenbäumen (Ficus benjamina) zu biegen.

Blick über Haria

Haria

Nur rund 1000 Einwohner leben in dem kleinen Dörfchen Haria im Norden Lanzarotes. Haria gehört zu den schönsten Dörfern auf Lanzarote und macht seinem Beinamen „Das Tal der tausend Palmen" alle Ehre. Laut einer kanarischen Sage wuchs immer eine neue Palme, wenn in Haria ein Mädchen geboren wurde. Im 16. Jahrhundert litt Haria unter zahlreichen Piratenangriffen und 1586 wurde sogar einmal das gesamte Palmental abgebrannt. Heute bietet das Dorf einen märchenhaften Anblick, besonders wenn man bedenkt, dass andere Gemeinden auf Lanzarote extrem trocken sind und dementsprechend brachliegende Lavaflächen das Landschaftsbild prägen. Hier im Norden wird aufgrund des feuchteren Wetters in den Wintermonaten viel Landwirtschaft betrieben. Vor allem Kartoffeln, Hirse, Linsen, Mais und Wein werden angebaut. Haria gehört nicht zu den typischen Touristenorten der Insel und man findet keine größeren Hotels. Im Zentrum von Haria liegt das Rathaus mit dem anliegenden Dorfplatz, der Plaza León y Castillo, und seinen typischen Tapas-Bars.

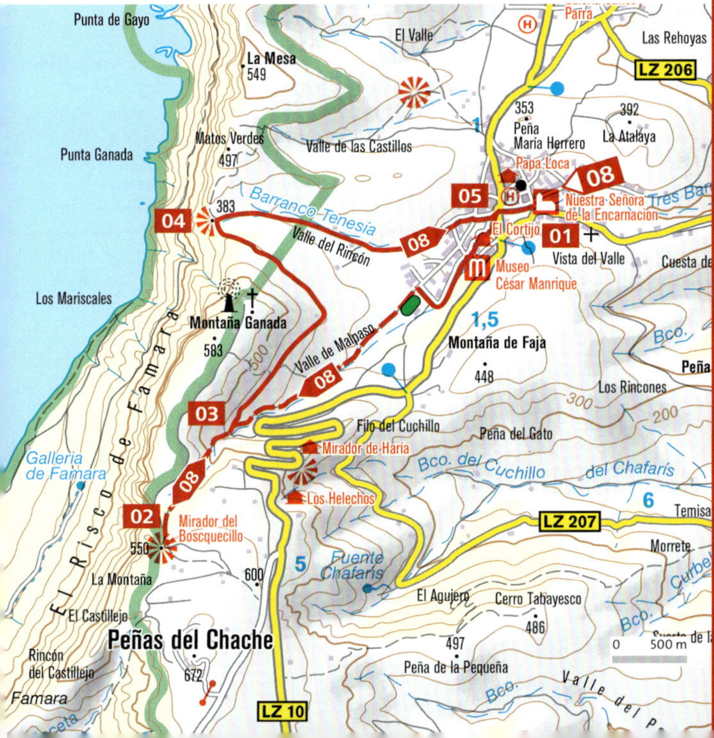

BARRANCO DE TENEGÜIME

Ausflug in ein Landschaftsschutzgebiet mit beeindruckender Flora und Fauna

 6,5 km 2:20 h 160 hm 160 hm 241

START | Mit der Buslinie 7 und 9 bis zum Plaza Guatiza fahren. Mit dem Pkw sind es von Arrecife 17 km. Zunächst fährt man auf der LZ-1 bis zur Ausfahrt Guatiza, um dann im Ort links in die Calle Tarajal zu biegen. Man überquert die LZ-1 und kann bequem hinter dem Friedhof parken. Bei der Verwendung eines mobilen Navigationssystems geben wir die Koordinaten [29.074570 -13.480484] ein.

CHARAKTER | Die vielen Staudämme im Barranco erfordern immer wieder den Einsatz der Hände. Die Orientierung ist einfach, der Hinweg ist durch die Schlucht vorgegeben.

Guatiza ist ein kleines Dorf mit 850 Einwohnern im Nordosten der Kanarischen Insel Lanzarote und gehört zur Gemeinde Teguise. In nordwestlicher Richtung von Guatiza liegt das Ziel unserer Wanderung, das Barranco de Tenegüime. Der Weg führt durch ein Landschaftsschutzgebiet und dementsprechend sollte man auch die allgemein bekannten Verhaltensregeln beachten.

▶ Wir gehen zunächst vom **01 Parkplatz** die Asphaltstraße ein Stückchen zurück, um dann vor der Brücke über die LZ-1, zwischen den Leitplanken hindurch, links in den Schotterweg zu biegen.

Nach 400 m – eine Leitplanke beginnt hier – biegt links der **02 Weg zum Barranco** ab. Zunächst führt der Weg durch intensiv landwirt-

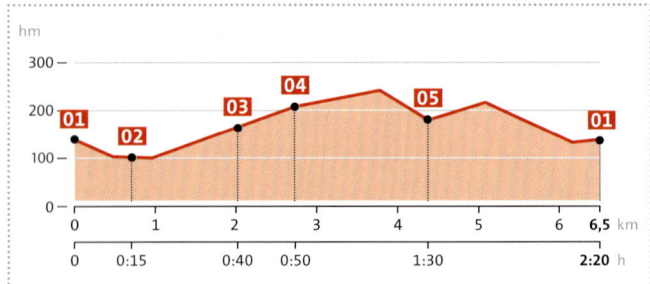

01 Parkplatz Auto, 133 m; **02** Weg zum Barranco, 104 m; **03** spektakuläre Schlucht, 160 m; **04** Wasserfall, 203 m; **05** verwaschener Schotterweg, 180 m

Weg zum Barranco de Tenegüime

schaftlich genutzte Flächen. Doch sehr schnell wird die Nutzung extensiv. Links erhöht sieht man den Windpark. Nachdem wir an zwei liegenden Wohnwagen vorbeigekommen sind, verläuft sich der Weg. Bei einem Steinmännchen sowie einer Steinmauer folgen wir nun dem trockenen Bachbett. Anfangs wird es von terrassenartigen Flächen mit vereinzelten malerischen Feigenbäumen beglei-

Barranco de Tenegüime

Das größte und in seiner ursprünglichen Form am besten erhaltene Tal auf Lanzarote ist das Barranco de Tenegüime mit seiner einmaligen Fauna und Flora. Das Barranco ist seit 1994 zum Landschaftsschutzgebiet erklärt worden und unterliegt somit einem besonderen Schutz von Natur und Landschaft in ihrer Ganzheit. Mit ein bisschen Glück trifft man hier auf den Wiedehopf, die Lanzarote Blaumeise, oder hört den Ruf des Triels, oder das warnende Rufen eines Turmfalken, der seinen Brutplatz kenntlich macht, man sieht die Felsentauben und Gelbschnabelturmtaucher, oder sieht sogar den sehr seltenen Schmutzgeier. Weiterhin säumen den Weg der Federbusch, der Breitblättrige Blaustern, den wohl größten Bestand der Kanaren Krummblüte, viele Prachtexemplare von Feigenbäumen, große Agaven, die blau blühende Sommerwurz und das Fiederblättrige Lavendel.

tet. Wir treffen auf eine 2 m hohe angelegte Staumauer, die wir umgehen. Inzwischen ist das Trockenflussbett nur noch 5 m breit. Beeindruckend hoch ragen links und rechts die steilen Wände auf. Die niederrauschenden Wassermengen haben die Vegetation bis auf den blanken Fels weggerissen. Schon bald sehen wir auf der linken Seite eine `03` **spektakuläre Schlucht**. Das Landschaftsbild ist nun geprägt von vielen Basaltsäulen und einer großen Anzahl von Höhlen.

Nach enger werdenden Kehren stehen wir plötzlich vor einem 10 m hohen unüberwindbaren `04` **Wasserfall**. Hier gehen wir einige Meter zurück, um dann über einen Pfad zu einem querenden Schotterweg aufzusteigen. Wer weiter wandern möchte, kann noch ca. 1,1 km einfach bis zu einer Ruine weitergehen. Wir gehen nun links auf dem Weg leicht bergab.

Der Weg ist nicht mehr eindeutig erkennbar und daher orientieren wir uns an einer ca. 2 m hohen Steinmauer, die rechts von uns liegt. Kurz danach geht es weiter an einer 1,50 m hohen Steinmauer auf einem Pfad mit rotem Sand. Auf einer kleinen Anhöhe, bei einer Weggabelung rechts, führen viele Spuren den Berg hoch, hier gehen wir halb links leicht bergab. Kurz später befinden wir uns auf einem `05` **verwaschenen Schotterweg** und gehen nun direkt auf das einzige große weiße Gebäude weit und breit, den Friedhof, zu.

Wanderung im Barranco de Tenegüime

ORZOLA – PLAYA CHARCA DE LA NOVIA

Schwarze Lavaströme treffen auf weiße Sandstände im blauen Atlantik

 7 km 2:20 h 50 hm 50 hm 241

START | Mit der Buslinie 09 geht es von Arrecife nach Orzola. Mit dem Pkw sind es von Arrecife auf der LZ-1 37 km nach Orzola. An der Kreuzung mit der LZ-201 fahren wir rechts Richtung Hafen, um dann wieder rechts in die Calle Charco de la Condesa und abermals rechts in die Calle el Lajiar bis an die letzten Häuser vom Ort vorzufahren, wo das Auto geparkt wird.
GPS-Daten zum Parkplatz [29.220083 -13.447800].
CHARAKTER | Bei dem extrem scharfen Lavagestein ist Vorsicht geboten. Eine kleine Herausforderung ist die Orientierung durch die Malpais de la Corona.

Unsere Tour startet in Orzola, der nördlichsten Ortschaft auf Lanzarote, am Rand des Malpais de la Corona, einer bizarren Lavalandschaft. Die Lava des Vulkans Monte Corona floss nach Osten und so entstand ein riesiges Lavafeld, die Malpais de la Corona, die heute ein Naturdenkmal ist. Unter Malpais versteht man so stark zerklüftete Oberflächen, dass diese nicht landwirtschaftlich nutzbar sind. Auf verschiedenen Stationen unserer Wanderung werden wir immer wieder auf die Malpais de la Corona stoßen oder sie auch durchqueren.

▶ Direkt hinter dem **01** **Parkplatz** fängt in südlicher Richtung ein von Steinen eingesäumter, gut angelegter Wanderweg an.

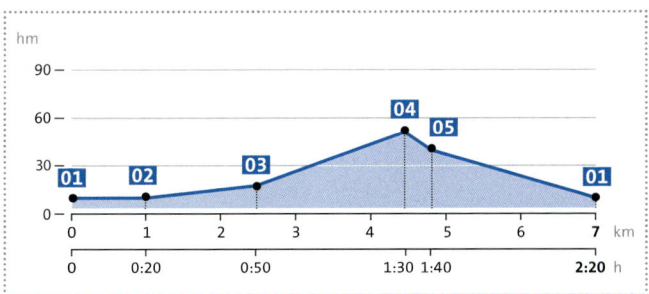

01 Parkplatz Auto, 9 m; **02** Playa Charca de la Novia , 9 m; **03** Schlüsselstelle, 19 m; **04** LZ-201 queren, 53 m; **05** alter Handelspfad, 44 m

Weißer Sand

Ein besonders beeindruckendes Schauspiel ergibt sich an den Stellen, wo der schwarze dunkle Lavastrom des Monte Corona ins Meer geflossen ist und sich nun hier kleine weiße Sandstrände gebildet haben, die sich kontrastreich von dem dunkelblauen Meer absetzen. Man stellt sich immer wieder die Frage, wie kommt hier der weiße Sand hin? Nun ja, der Sand der Strände besteht aus Körnern organischen Ursprungs, meist von Muschelresten und Restmaterialien kalkhaltiger Algen. Häufig sieht man an ihnen noch Muscheln, die nach und nach zerkleinert werden, bis sie sich schließlich in einen Teil des Strandes verwandeln und dann mit dem Wind ins Landesinnere getragen werden.

Der Weg schlängelt sich durch die zerklüfteten Lavafelder, bis man auf einer Anhöhe schon den **02** **Playa Charca de la Novia** sehen kann, die auch Caletones von Orzola genannt wird. Bei den sonst riesigen Wellen an der Nordostküste können aber auch kleine Wasserbegeisterte in den geschützten Buchten gefahrlos im blauen Atlantik baden. Wir queren den Strand in östlicher Richtung und nehmen nun den Küstenpfad, der sich durch den Lavastrom schlängelt. Kleine Betonpfeiler sind eine Orientierungshilfe. In der Ferne sieht man eine große weiße Düne.

Wir treffen auf weiße Sandstellen und gehen hier rechts den Pfad, der schnell zur Fahrspur wird, zur LZ-1 hoch. Bei dieser **03** **Schlüsselstelle** gehen wir 70 m rechts auf der Hauptstraße, um dann links auf den kleinen Parkplatz mit einem Lavastein in der Mitte abzubiegen. Ziemlich genau im rechten Winkel zur Hauptstraße, in südwestlicher Richtung, beginnt nun ein Pfad quer durch die Malpais de

Blick zurück auf Orzola

la Corona. Außer den plattgetretenen Lavasteinen, die aber immer gut erkennbar sind, gibt es nun keine weiteren Wegpunkte. Sollte man trotzdem das Gefühl haben, den Weg verloren zu haben, so wäre in diesem Falle die Zuhilfenahme des GPS-Tracks hilfreich. Wir erreichen eine kleine Anhöhe, rechts von uns ist ein Kraterloch mit groß gewachsenen Wolfsmilchgewächsen, und wir sehen die ersten Häuser von Orzola. Aus dem Pfad wird eine Schotterstraße und wir queren die **04** **LZ-204**. In 130 m Entfernung liegt nun links von uns die empfohlene Einkehrmöglichkeit. Das Landschaftsbild hat sich nun gewandelt und der Weg führt durch landwirtschaftlich genutzte Felder.

Playa Charca de la Novia

300 m hinter der Hauptstraße biegen wir scharf rechts auf einen **05** **alten Handelspfad** ab. Der nur kurz gepflasterte Weg führt rechts an markanten Steinen vorbei. Über den dem vom Regen ausgewaschenen Weg erreichen wir bei einem verchromten Geländer die LZ-1 in **01** **Orzola**.

TABAYESCO-RUNDWEG

Wunderschöner Rundweg zunächst durch, und im späteren Verlauf oberhalb des einsamen Valle de Temisa

 10,8 km 3:40 h 510 hm 510 hm 241

START | Mit der Buslinie 07 und 09 geht es von Arrecife nach Tabayesco. Mit dem Pkw von Arrecife bis Tabayesco sind es 24 km. Kurz vor Arrieta links in die LZ-207 und nach 950 m rechts in die Calle el Chafariz biegen. Am Ortsausgang neben einer Palme am beginnenden Schotterweg am Straßenrand parken.
GPS-Daten zum Parkplatz [29.128700 -13.481667].
CHARAKTER | Der Abstieg nach Tabayesco ist weglos und erfordert guten Orientierungssinn.

Unsere Tour startet im kleinen Dörfchen Tabayesco nördlich von Arrieta im Norden von Lanzarote. Da sich nur eine kleine und unbekannte Teerstraße durch das Tal schlängelt, ist man automatisch weit ab vom Tourismus. Auf dieser landschaftlich sehr beeindruckenden Wanderung durch bewirtschaftete Felder kann man Feigenbäume, Mandelbäume, Mais und Weizen sowie viele Agaven und Kakteen bestaunen. Auf dem oberen Teil der Tour unterhalb des höchsten Bergs der Insel, dem Penas del Chache mit 672 m, ergeben sich immer wieder wunderschöne Fernblicke in das Valle de Temisa und auf die komplette Ostküste von Lanzarote.

▶ Von **01** **Tabayesco** geht es auf der Schotterstraße taleinwärts in das Valle de Temisa. Nachdem wir das Barranco del Chafaris überquert haben, ignorieren wir weitere Abzweiger nach rechts und links zu den vielen bewirtschafteten Feldern. Bei einer ersten Weggabelung gehen wir rechts, der Weg ist durch einen roten Punkt gekennzeichnet. Es folgt eine Weggabelung, wir lassen den linken und mittleren Weg liegen und gehen rechts am Benjamin Ficus weiter.

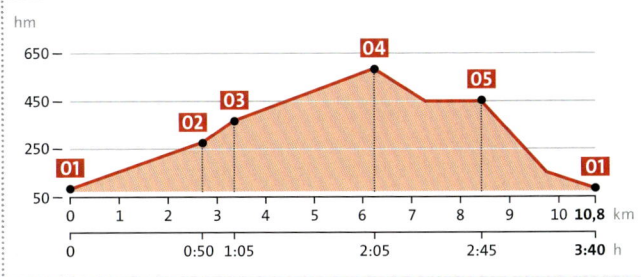

01 Tabayesco , 83 m; **02** Valle de Temisa, 268 m; **03** LZ-10, 363 m;
04 LZ-10 verlassen, 574 m; **05** Schlüsselstelle, 450 m

Wir kommen zum Ende des **02**
Valle de Temisa. Bei einer Weggabelung, wo links ein in den Boden
eingelassenes Haus mit brauner
Tür steht, gehen wir nun scharf
rechts. Ein Kieshaufen versperrt
die Durchfahrt für Autos, kleine
Steinmännchen markieren den alten Pfad, der nun im Zickzack zur
Asphaltstraße hochführt.

Wir gehen rechts bis zur Kreuzung
mit der **03** **LZ-10** vor, um dann

links auf der Straße 400 m Richtung Teguise zu gehen. Wir sind
nun im Valle de Malpensa und
haben rechts einen wunderbaren
Blick über das Tal der 1000 Palmen
mit dem Örtchen Haria. Kurz nach
dem Schild „LZ-10 20 km" geht
links bergauf der Camino Naturale. Nach ein paar engen Kehren
queren wir die LZ-10. Geht man an
dieser Stelle die Straße herunter,
hat man einen tollen Aussichts-

Blick in das Valle de Temisa

punkt erreicht und kommt zu prachtvollen Exemplaren von Drachenbäumen. Der Pfad überquert abermals die Hauptstraße und wird zur Schotterstraße. Bis zu einer Finca auf einem braunweißen Sockel mit schwarzen aufgesetzten Lavasteinen gehen wir 600 m parallel zur LZ-10. Hier gehen wir links zur Asphaltstraße, um dann der Hauptstraße rechts 950 m zu folgen, bis wir in 100 m Entfernung ein dunkelbraunes Haus sehen. Bei zwei rostigen Pfeilern

verlassen wir nach links die **04** **LZ-10**. Zunächst gehen wir rechts parallel zu einer Grundstücksmauer, um nach 50 m links zu gehen. Auf diesem Schotterweg geht es an Agaven, alten Ruinen und einer Ziegenfarm vorbei Richtung drei Palmen, die man in weiter Entfernung sehen kann. Bei der Weggabelung Pena de la Pequena auf 459 m gehen wir links Richtung Tabayesco.

Nach einer Anhöhe kommen wir nun an eine **Schlüsselstelle** **05**. 150 m nach unbewirtschafteten Feldern, direkt nach einer Links-rechtskehre, verlassen wir den Weg bergab, parallel an einer Steinmauer, bis wir in der Entfernung eine alte Ruine als nächsten Wegpunkt sehen. Durch starke Regenfälle ist der Pfad dermaßen verwaschen, dass man ihn nicht mehr erkennen kann. Weiterhin weglos gehen wir nun immer mittig über dem Bergkamm, bis wir die Asphaltstraße als nächsten Orientierungspunkt nehmen. Rechts an der Straße kommt man in den Ort herein, um dann links zum Parkplatz oder geradeaus weiter zur Bushaltestation zu gehen.

Blick auf den Penas del Chache

MÁGUEZ – HARIA-GRATWANDERUNG

Spektakuläre Gratwanderung über drei Gipfel
zwischen Máguez und Haria

  10,7 km 3:30 h  400 hm  400 hm 241

START | Mit der Buslinie 7 bis nach Sociedad de Máguez fahren.
Mit dem Pkw sind es von Arrecife 30 km. Zunächst auf der LZ-1 bis
Tahiche, um dann auf der LZ-10 Richtung Haria und weiter nach
Máguez zu fahren. Im Ort biegen wir rechts in die Calle Luis
Morote und können das Auto direkt an der Kirche parken.
GPS-Daten zum Parkplatz [29.159283 -13.495383].
CHARAKTER | Im Prinzip leichte Wanderung, nur der Auf- und Ab-
stieg zur Montaña La Mesa erfordert Trittsicherheit und Schwin-
delfreiheit. Auf diesem weglosen Abschnitt müssen gelegentlich
die Hände zur Hilfe genommen werden. Der oft sehr starke
Passatwind kann zur Herausforderung werden.

Der Norden Lanzarotes wird vom
Gebirgszug Risco de Famara geprägt. Er entstand vor 12 Millionen
Jahren, zieht sich über eine Länge
von 15 km parallel zur Küste und
seine höchste Erhebung ist der
Penas del Chache mit 672 m. Das
Massiv ist in weiten Teilen unzu-
gänglich und bricht spektakulär

zum Meer ab. An dieser Abbruch-
kante zum Meer führt die Wanderung über drei kleinere Gipfel.

▶ Von der **Kirche in Máguez** 01
gehen wir in nördlicher Richtung
in die Einbahnstraße Calle de
Dice. Nach 425 m queren wir die
Hauptstraße LZ-10 und gehen

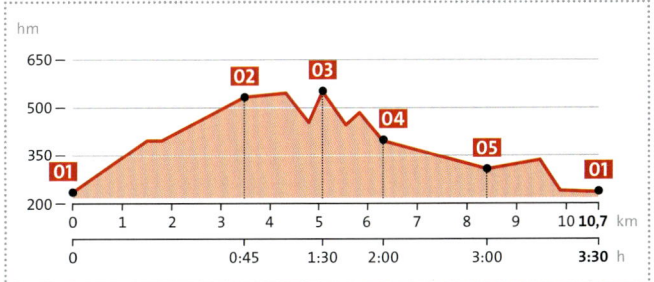

01 Máguez Kirche, 238 m; 02 Schotterstraße verlassen, 525 m;
03 Montaña La Mesa, 554 m; 04 Mirador Tensia, 396 m;
05 Haria Plaza León y Castillo, 298 m

Blick vom Risco de Famara Richtung Caleta de Famara

bei dem Eckhaus mit der Hausnummer 3 und dunkelgrünen Türen und Fenstern links die Asphaltstraße bergauf. Nach 350 m verlassen wir in einer Rechtskurve die Asphaltstraße, um links über einen Pfad eine Abkürzung zu nehmen. Wir treffen wieder auf die Asphaltstraße und gehen links, in einer Ebene mit vielen Feldern, leicht bergauf weiter. In einer scharfen Linkskurve der Asphaltstraße geht es vorbei an einer Informationstafel, bis wir auf einer Anhöhe rechts ein weißes Gebäude sehen. Nach einer weiteren Informationstafel verlassen wir die **Schotterstraße** `02` und nehmen den dritten Weg links, wir gehen jetzt auf einem hellbraunen Schotterweg, rechts an einem schwarzen Lavahügel vorbei, kurzfristig weglos, bis direkt an der Klippe ein Weg von rechts dazukommt und wir links weitergehen. Nach 700 m treffen wir auf eine Fahrspur und sind nun auf dem ersten von drei Gipfeln, die wir überwinden werden. Wir steigen auf dem Grat zur Einsattelung herunter.

Bei dem nun folgenden Aufstieg auf die **Montaña La Mesa** `03` (549 m) gehen wir weiterhin so dicht wie möglich am Grat und lassen den Abzweiger links liegen. Über dem Grat steigen wir zur nächsten Einsattelung, dem **Mirador Tensia** `04` auf 450 m, herunter. Meistens bläst hier der Nordost-Passatwind extrem stark, aber hinter der Mauer am Mirador

Blick vom Montaña La Mesa zum Playa Famara

Blick vom Risco de Famara Richtung La Graciosa

kann man windgeschützt die Aussicht genießen.

Weiter führt die Schotterstraße in östlicher Richtung direkt herunter nach Haria. Wir kommen vorbei an dem Rathaus und gehen hier zweimal links, um dann rechts in den **Plaza León y Castillo** `05` mit seinen schattigen Birkenfeigen-bäumen (Ficus benjamina) zu biegen.

Hinter der großen Kirche gehen wir dann links, um sofort wieder rechts in die Calle Molino und dann weiter auf der Lugar Diseminado de Haria und bei der LZ-207 links zum **Ausgangspunkt** `01` zu gelangen.

CALETA DE FAMARA – ERMITA DE LAS NIEVES

Die Kirche des Schnees – und spektakuläres Panorama, Blicke zum sattsehen

 11,9 km 4:50 h 620 hm 620 hm 241

START | Mit der Buslinie 20 geht es von Arrecife nach Caleta de Famara. Mit dem Pkw sind es von Arrecife über die LZ-20 und LZ-30 24 km nach Caleta de Famara. Bereits 2,5 km vor dem Ort zweigt rechts in einer leichten Linkskurve eine Schotterstraße, der Camino las Laderas, ab. Nach 2 km trifft man auf eine Asphaltstraße bei der Bungalowsiedlung. Hier kann man bequem am Wegrand parken.
GPS-Daten zum Parkplatz [29.11085 -13.545133].
CHARAKTER | Achtung! Bei Wolken ist die Orientierung auf dem Höhenweg ohne GPS und maximal 50 m Sicht schier unmöglich. Eine weitere Herausforderung kann ein sehr kräftig blasender Passatwind sein.

Vom traumhaften Strand in Caleta de Famara schaut man auf das scheinbar unüberwindbare 15 km lange Risco-de-Famara-Bergmassiv. Nur wenig überragt der höchste Punkt mit dem Penas del Chache (672 m), an der Radarüberwachungsanlage zu erkennen, den lang gezogenen Bergkamm. Die Wanderung führt zum

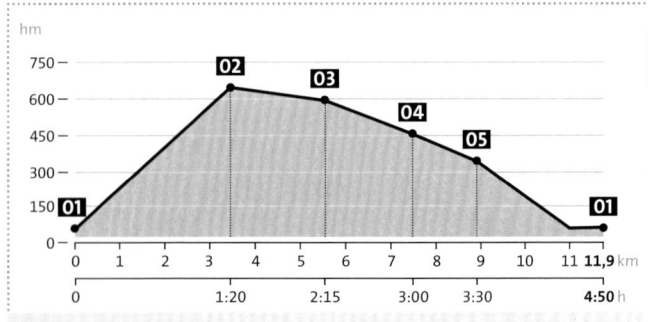

01 Parkplatz bei Caleta de Famara, 57 m; **02** Penas del Chache, 632 m;
03 Ermita de las Nieves, 598 m; **04** Pico de Maramajo, 449 m;
05 Morro Alto, 325 m

höchsten besteigbaren Punkt der Insel (632 m) und weiter auf einem Höhenweg, vorbei an der Ermita de las Nieves, wieder zurück zum Ausgangspunkt.

▶ Bei der Asphaltstraße oberhalb der Bungalowanlage von **Caleta de Famara** 01 biegen wir rechts in die Schotterstraße, um gleich nach 50 m links in nordöstlicher Richtung zu gehen. Nach 450 m gehen wir rechts an einem alleinstehenden Gebäude mit Palmen vorbei. Von nun an geht es stetig bergauf an weiteren einzelnen Gebäuden vorbei. Bei dem letzten Gebäude geht es links und nun immer parallel zum Barranco de la Poceta bis zu zwei Wasserspei-

chern. Zunächst gibt es mehrere Pfade, aber nach einem Barranco, das sich tief in die Erde gefressen hat, geht es nur noch auf einem Pfad weiter.

Der Pfad führt nun stetig bergauf bis zum höchsten Punkt der Wanderung auf 632 m, direkt unterhalb des **Penas del Chache** 02. Wir gehen nun rechts in südlicher Richtung zunächst auf einem Schotterweg, der vor einem Feld endet. Hier gehen wir nun am äußersten Rand über das Feld, immer so dicht wie möglich am Grat. Auf diesem Höhenweg gehen wir in Richtung der nicht zu übersehenden alleinstehenden Kirche, der **Ermita de las Nieves** 03. Das setzt natürlich voraus, dass wir

Blick in das Barranco de la Poceta

eine gute Sicht haben. Hinter der Kirche gehen wir auf der breiten Schotterstraße vorbei an einer weiteren militärischen Einrichtung.

An dem Wegweiser „Cueva Bermeja 461 m" gehen wir weiter auf der Schotterstraße. In der Ferne sieht man die Burganlage Santa Barbara auf einem Vulkan sowie den Ort Teguise. Bei der Wegverzweigung **Pico de Maramajo** **04** (449 m) geht es rechts auf der Schotterstraße Richtung Morro Alto und weiter durch eine Linkskurve. Nach 250 m ignorieren wir den Weg links und gehen nach 150 m rechts bergab auf einem ausgewaschenen Weg.

In einer Mulde gehen wir an der Schotterstraße links, um nach 250 m rechts kurz leicht bergauf über den Pass **Morro Alto** **05** (325 m) den ausgeschilderten Pfad Richtung Las Laderas 2 km einzuschlagen. Bereits an dieser Stelle kann man den längsten Sandstrand der Insel sehr gut sehen. Je weiter man absteigt, desto weiter kann man quer in die Flanke des Risco-de-Famara-Bergmassives schauen und auch die vorgelagerte Insel La Graciosa kommt

zum Vorschein. Der Pfad quert mehrere tiefe Erosionsrinnen. Die beeindruckendste ist die als „Barranco de Maramajo" bezeichnete Schlucht. Nachdem der Pfad das Barranco gequert hat, führt er zunächst parallel zu diesem, um dann leicht rechts direkt auf die Küste zuzugehen. Bei zwei Steinmännchen gehen wir an der Schotterstraße rechts zurück zum **Ausgangspunkt** **01**.

Die Ermita de las Nieves

VON CALETA DE FAMARA NACH MALA

Inseldurchquerung an der schmalsten Stelle
von Lanzarote

 14,5 km 4:50 h 600 hm 600 hm 241

START | Mit der Buslinie 20 geht es von Arrecife nach Caleta de Famara. Mit der Buslinie 07 und 09 geht es von Mala nach Arrecife. Mit dem Pkw sind es von Arrecife über die LZ-20 und LZ-30 24 km nach Caleta de Famara. Bereits 2,5 km vor dem Ort zweigt rechts, in einer leichten Linkskurve, eine Schotterstraße, der Camino las Laderas, ab. Nach 2 km trifft man auf eine Asphaltstraße bei der Bungalowsiedlung. Hier kann man bequem am Wegrand parken. GPS-Daten zum Parkplatz [GPS: N29° 06.651' W13° 32.708']. Den Hin- oder Rückweg müsste man mit einem Taxi (Radio Taxi Teguise 928 52 42 23) oder einem zweiten Auto arrangieren. GPS-Daten zum Parkplatz [29.116650 -13.563950].
CHARAKTER | Eine sehr anspruchsvolle Inseldurchquerung aufgrund der Höhenmeter, der Länge, von starken Winden sowie schwieriger Orientierung bei Nebel in den Höhenlagen.

Vom kleinen Fischerdörfchen Caleta de Famara im Nordwesten von Lanzarote steigen wir zunächst über das scheinbar unüberwindbare 15 km lange Risco-de-Famara-Bergmassiv, um unterhalb des höchsten Berges der Insel, dem Penas del Chache (672 m), den höchsten Punkt unserer Wanderung zu erreichen.

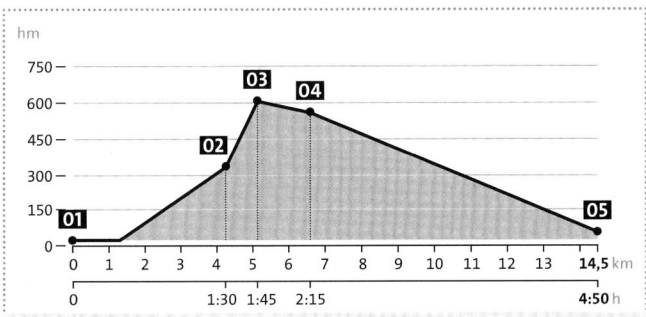

01 Bushaltestelle Caleta de Famara, 16 m; **02** Bergkamm, 321 m; **03** am Penas del Chache, 607 m; **04** LZ-10, 562 m; **05** Bushaltestelle Mala, 52 m

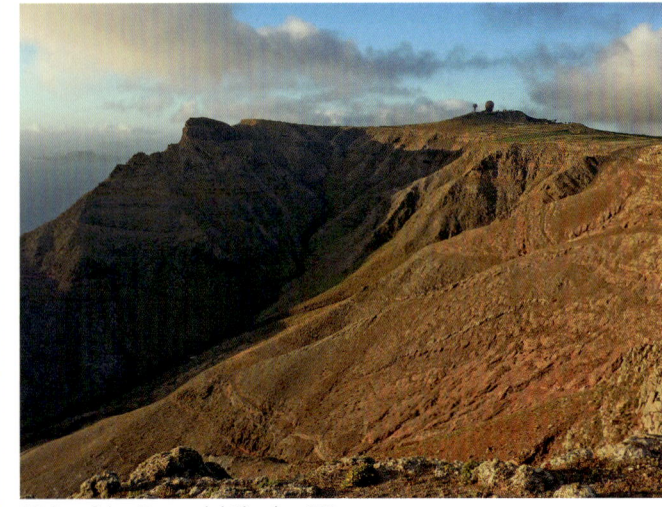

Blick auf den Penas del Chache, 672 m

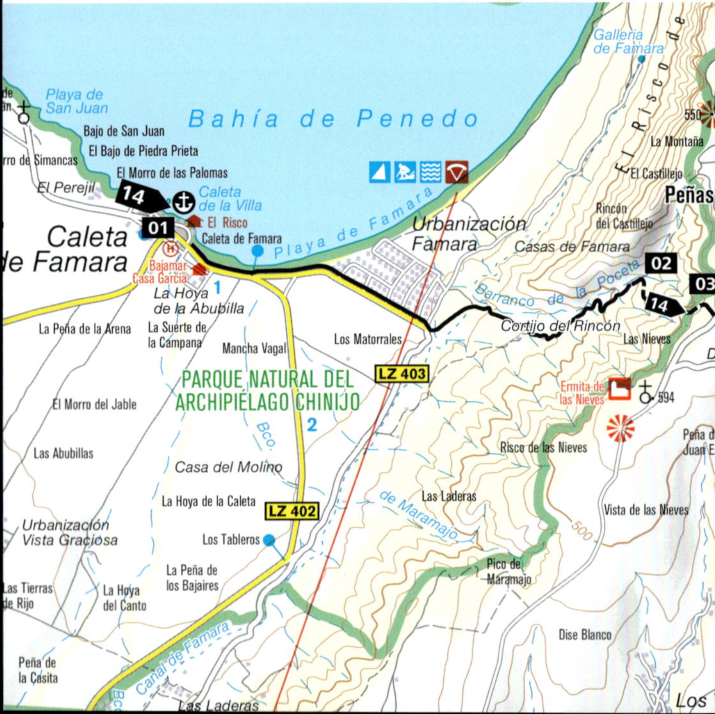
Playa de San Juan
Bahía de Penedo
Bajo de San Juan
El Bajo de Piedra Prieta
rro de Simancas
El Morro de las Palomas
El Perejil
14
Caleta de la Villa
El Risco
01
Caleta de Famara
Caleta de Famara
Playa de Famara
Urbanización Famara
Bajamar
Casa García
La Hoya de la Abubilla
1
La Peña de la Arena
La Suerte de la Campana
Mancha Vagal
Los Matorrales
LZ 403
PARQUE NATURAL DEL ARCHIPIÉLAGO CHINIJO
2
El Morro del Jable
Las Abubillas
Bco.
Casa del Molino
La Hoya de la Caleta
LZ 402
Urbanización Vista Graciosa
Los Tableros
La Peña de los Bajaires
Las Tierras de Rijo
La Hoya del Canto
Peña de la Casita
Canal de Famara
Las Laderas
Galleria de Famara
El Risco de
550
La Montaña
El Castillejo
Peñas
Rincón del Castillejo
Casas de Famara
02
03
Barranco de la Poceta
14
Cortijo del Rincón
Las Nieves
Ermita de las Nieves
594
Risco de las Nieves
Peña d Juan E
de Maramajo
Las Laderas
Vista de las Nieves
500
Pico de Maramajo
Dise Blanco
Los

Nach der Überschreitung des Risco de Famara geht es durch das einsame Valle de Palomo (Tal der Taube) herunter in das malerische Dorf Mala. Emotionen pur sind bei dieser Inseldurchquerung garantiert.

▶ Von der **Bushaltestelle in Caleta de Famara 01** gehen wir in östlicher Richtung 1 km parallel zum Strand. Dann gehen wir bis zum Ende der Asphaltstraße parallel zur Bungalowanlage bergauf und biegen dort rechts in die Schotterstraße, um gleich nach 50 m links in nordöstlicher Richtung zu gehen. Nach 450 m gehen wir rechts an einem alleinstehenden Gebäude mit Palmen vorbei. Von nun an geht es stetig bergauf an weiteren einzelnen Gebäuden vorbei. Beim

letzten Gebäude geht es links und nun immer parallel zum Barranco de la Poceta bis zu zwei Wasserspeichern.

Schaut man von dieser Stelle in östlicher Richtung, steht in 250 m Entfernung eine 1,50 m hohe Aufhäufung größerer Steine auf einem **Bergkamm 02**. Weglos gehen wir nun auf die größeren Steine zu und nehmen im weiteren Verlauf diesen Bergkamm als Orientierungshilfe bis auf den Grat. Das letzte Stück erscheint steil und unpassierbar, aber links führt ein Pfad nach einigen Metern direkt auf die Anhöhe. Wir gehen auf das weiße Gebäude mit den grünen Fensterläden in 100 m Entfernung zu.

Wir befinden uns am Wegweiser **Penas del Chache 03** auf 596 m.

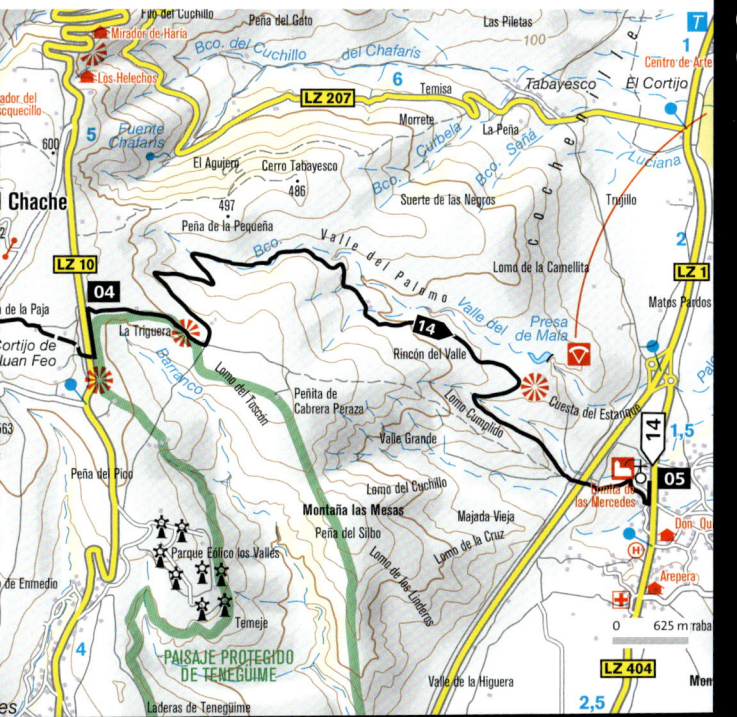

Blick auf den zu besteigenden Bergkamm

Von hier gehen wir in östlicher Richtung zwischen den Feldern durch, lassen nach 170 m die Abzweigung nach rechts sowie weitere Abzweiger rechts und links zu den Feldern liegen, bis wir an einem quadratischen Betonbau die Hauptstraße erreichen. Wir gehen links auf der **LZ-10** **04**, um nach 420 m, vor einem Schild „Überholverbot Ende", rechts in den Schotterweg zu biegen. Nach 1 km steht linker Hand ein verlassenes Gebäude, wir befinden uns an einer Weggabelung, nehmen von den vier Möglichkeiten den linken Weg und gehen nun auf ein weiteres verlassenes Gebäude etwas unterhalb eines Felsens zu. Dieser Weg führt nun in langen Kehren durch das enger werdende Valle del Palomo, vorbei an Palmen und im weiteren Verlauf an dem einzigen Staudamm auf Lanzarote abwärts zur Ostküste. Wir überqueren die LZ-1 und gehen nun auf der Asphaltstraße bis zur Hauptstraße vor, um dort links nach 200 m die **Bushaltestelle Mala** **05** zu erreichen.

Unterhalb des Penas del Chache bei gutem Wetter

GUATIZA – LOS COCOTEROS – FINCA VISTA SOL MALA

Klippenwanderung an der wilden und unberührten Ostküste zwischen Guatiza und Mala

 10,5 km 3:30 h 50 hm 50 hm 241

START | Mit der Buslinie 07 und 09 geht es von Arrecife zum Plaza de Guatiza. Von Mala de Abajo wieder zurück über Guatiza nach Arrecife. Mit dem Pkw sind es von Arrecife 17 km bis Guatiza. Zunächst fährt man auf der LZ-1 bis zur Ausfahrt Guatiza. Im Ort Guatiza gibt es dann viele Parkplätze.
GPS-Daten zum Parkplatz [29.074550 -13.480550].
CHARAKTER | Wir gehen auf einem einfachen Küstenpfad bei durchwegs eindeutiger Orientierung. Als Variante kann man mit dem Auto bis Los Cocoteros (GPS N29 03.790 W13 27.640) fahren, um dann 5 km einfach bis zum natürlichen Lavasteinbogen zu gehen. Zurück geht es dann auf dem gleichen Weg.

Die Wanderung beginnt in dem kleinen Ort Guatiza, mit seinen sehr schönen alten Eukalyptusbäumen links und rechts der Hauptstraße. Der Weg führt herunter an die unberührte Ostküste, wo sehr häufig die Wellen meterhoch an die Küste prallen. Bei einem Nudisten-Zentrum gibt es eine Bademöglichkeit. Außerdem gibt es drei Naturwunder zu bestaunen.

▶ Von der Calle Ramirez Cerda gehen wir vorbei an der kleinen

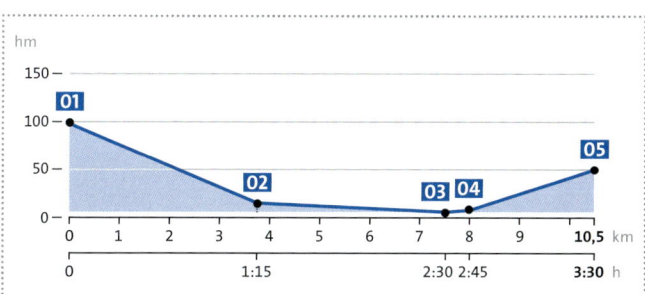

01 Bushaltestelle Plaza de Guatiza, 98 m; 02 Vulkanblase, 12 m;
03 kochende Gischt, 6 m; 04 natürlicher Lavasteinbogen, 7 m;
05 Bushaltestelle Mala de Abajo, 50 m

weißen Kirche Iglesia Santo Gusto mit ihren dunklen kontrastreichen Lavasteinecken. Hinter der Kirche folgen wir rechts der Calle Tanausu, um nach 200 m links in die Calle Vincente und bei der nächsten Wegkreuzung wieder links zu gehen.

Nach einem ganzen Stück auf der Asphaltstraße treffen wir auf eine kleine Kreuzung. Geradeaus beginnt eine Schotterstraße und wir gehen links in den Ort Los Cocoteros. Parallel zu dem großen Naturschwimmbecken gehen wir nun am Ufer in nördlicher Richtung. Vom Ortsende sehen wir in 500 m Entfernung ein großes weißes Anwesen. An diesem gehen wir links vorbei auf einem schmalen Pfad, um dann leicht bergauf zu gehen.

Nach 100 m sehen wir rechts eine **offene Vulkanblase 02**, die durch eine Verbindung mit dem Meer den Gezeiten ausgesetzt ist. Wundern Sie sich nicht, wenn ihnen auf einmal vermehrt nackte Men-

schen entgegenkommen, es geht vorbei am Charco del Palo, einem Nudisten-Zentrum. Drei künstlich angelegte Badestellen laden zum Abkühlen ein. Ein terrassenförmig angelegter Kessel mit innenliegendem Wasserpool, eine Stelle, wo man mittels einer Leiter ins Wasser steigen kann, und bereits am Ende der Anlage kommt man zu einem sehr kleinen Gezeitenpool. Wir folgen dem Küstenpfad und es geht an einer kleinen Bucht mit Fischerhaus vorbei.

Wir erreichen eine Stelle, an der Steine am Ufer so regelmäßig angelegt worden sind, dass man denkt, hier sind Parkplätze, bloß die Autos fehlen. Bei der richtigen Tide und dem passenden Wellengang drückt das Wasser mit seiner vollen Kraft in Löcher und Schneisen unterhalb des Felsens und man kann eine 3–4 m hohe **kochende Gischt 03** beobachten.

Nach 550 m kann man einen sehr schönen **natürlichen Lavasteinbogen 04** sehen.

Naturschwimmbecken Los Cocoteros

Bco. de la Luciana

Trujillo

Morro el Lajero

El Risco

erte de las Negros

El Lajero

Lomo de la Camellita

Matos Pardos

Playa Marina

Riscos del Lajero

Valle del Palomo

La Jorobada

Presa de Mala

Vaya Querida

cón del Valle

El Cangrejo

Punta de la Pared

Lomo Cumplido

Cuesta del Estanque

1,5

Mala Abajo

La Baja

La Hondura

05

Punta Pasito

Grande

Ermita de las Mercedes

15

Mala

04

Cuchillo

Don Quijote

03

Majada Vieja

Jable del Medio

Lomo de la Cruz

Arepera

Playa del Seif

Molino de Viento (Ruinas)

Conde Robayna

Valle del Molino

Linderos

Los Arrabales

Los Barranquillos

LZ 404

Risco Negro

Valle de la Higuera

Montaña del Mojón

· 122

Charco del Palo

2,5

La Tunera

6

Montaña Colorada

· 118

Charco del Palo

Jardín de Cactus

Montaña Colorada

Jardín Tropical

Vega de Guatiza

Guatiza

La Cerca de Pamilla

F. KK

Las Calderas

Guatiza

Iglesia Santo Gusto

Puerto Moro

· 215

15

01

Las Calderetas

Montaña las Pinedas

Punta Abrigada

LZ 1

2

02

Los Barranquillos

Vista de las Nieves

Caldera del Agua

El Cascajo

(ehem.)

Urbanización Los Cocoteros

La Caldera

Cueva de la Arena

· 319

Salinas de los Agujeros

Montaña Tinamala

Vegueta del Espino

Los Agujeros

Abandonadas

Playa del Tío Joaquin

La Humosa

La Humosa

le Molino

Playa de la Tía Vicenta

El Higueral

Las Pachonas

Espoleta

0   500 m

Barranco de la

Nach 650 m gehen wir bei der Schotterstraße links. Mala blieb bisher vom Massentourismus verschont und anstelle von großen Hotelanlagen gibt es kleine Fincas, wie zum Beispiel die wunderschön einsam liegenden Fincas Lotus Del Mare von der Familie Himmelsreich, an denen wir vorbeigehen. Zunächst auf einer Schotterstraße und dann ab einer Anhöhe auf einer Asphaltstraße gehen wir immer in westlicher Richtung bis zur Ortsdurchgangsstraße. Hier links erreichen wir nach 100 m die **Bushaltestelle Mala de Abajo** 05, wo es mit dem Bus nach Guatiza geht.

Kochende Gischt

VALLE DE JUANA GUTIÉRREZ – BARRANCO DE TENEGÜIME

Spannende Durchwanderung des Barranco de Tenegüime

 11,5 km 3:50 h 410 hm 410 hm 241

START | Mit der Buslinie 07 und 09 geht es von Arrecife zum Plaza de Guatiza. Mit dem Pkw sind es von Arrecife 17 km. Auf der LZ-1 bis zur Ausfahrt Guatiza, um dann im Ort links in die Calle Tarajal zu biegen. Man überquert die LZ-1 und kann gleich links unter den Eukalyptusbäumen parken.
GPS Daten zum Parkplatz [29.076017 -13.490683].
CHARAKTER | Achtung! Bei zu erwartenden Regenfällen oder kurz nach solchen ist diese Tour nicht zu empfehlen. Es müssen kleinere Felsen, Geröllhaufen oder Gumpen überwunden werden. Der Abstieg in das Barranco erfordert Geschick bei der Orientierung.

Noch als Teil des Risco-del-Fama-ra-Gebirgsmassivs, nordwestlich von Guatiza, liegt das Ziel unserer Wanderung, das Barranco de Tenegüime. Aber zunächst steigen wir über das Valle de Juana Gutiérrez auf, um nach einem kurzen Abstieg mit der spannenden und äußerst beeindrucken-den Durchwanderung des Barranco zu beginnen. 1994 wurde das Barranco de Tenegüime zum Landschaftsschutzgebiet erklärt und dementsprechend sollte man auch die allgemein bekannten Verhaltensregeln beachten. Aufgrund seiner Abgeschiedenheit, begünstigt durch eine relativ hohe

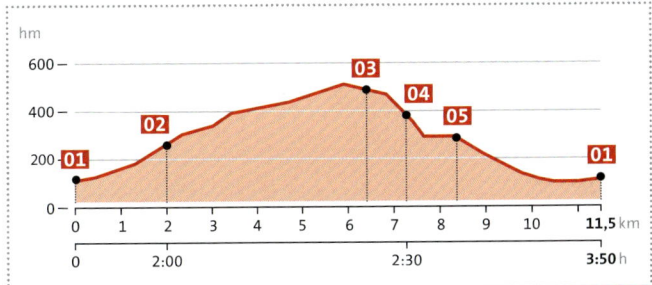

01 Parkplatz, 102 m; 02 Bergrücken, 248 m; 03 Schlüsselstelle, 474 m;
04 Höhlen und Barranco, 370 m; 05 zwei Varianten, 272 m

Feuchtigkeit, hat sich hier eine grüne Oase mitten in Lanzarote für zahlreiche endemische Pflanzen und sehr seltene Vogelarten entwickeln können.

▶ Vom **Parkplatz** 01 gehen wir auf der Asphaltstraße links bergauf vorbei am rechts liegenden Friedhof, gerade auf ein Wasserreservoir zu. Hier können wir weiter rechts die Asphaltstraße in einer großen Linkskehre gehen, oder über einen schmalen Pfad abkürzen, der direkt neben dem Wasserreservoir beginnt.

Vorbei führt der Weg rechts am Montaña de Guenia. Nach 800 m bei einer Wegverzweigung, auf einer kleinen Anhöhe mit einem Holzkreuz, zweigt rechts ein Schotterweg ab, den wir nun auf dem vor uns liegenden **Bergrücken** 02 begehen.

Nach einer Anhöhe ignorieren wir zwei Linksabbieger und gehen bei der Finca scharf links zur Asphaltstraße vor. Nach 120 m geht es vor der Leitplanke der LZ-10 rechts auf der alten Asphaltstraße in großen Kehren bergauf. 120 m nachdem wir das letzte Windrad hinter uns gelassen haben, bei einer Art Stromkasten aus Stein, gehen wir nun in nordöstlicher Richtung auf einem Schotterweg direkt an einem weißgrauen Haus vorbei und lassen den Weg links hinter der Mauer zu den Palmen liegen.

230 m hinter den Häusern, bei der **Schlüsselstelle** 03, zweigt rechts ein ca. 1,50 m breiter kaum zu erkennender Pfad ab. Bereits nach 50 m sind wir in einer kleinen Senke mit einem kleinen Barranco und nun geht es wieder leicht bergauf und bei einer Steinmauer links. Vorbei geht es an Kakteen und etwas unterhalb sehen wir eine Ruine. Weiterhin weglos, ohne an Höhe zu verlieren, umrunden wir den Berg und bewegen uns jetzt wieder auf die Windräder zu. Das Gelände wird steiler und nach 160 m treffen wir auf einen Bergrücken, der mit Steinen durchsetzt ist.

Hier gehen wir nun links herunter. Nach 250 m gehen wir rechts an offenen **Höhlen** 04 vorbei. Wir gehen auf die rechte der beiden

Blick in den Westen der Insel

Olivin

Auf dem ersten Stück Wanderung werden wir immer wieder ein olivgrünes Mineral als Bestandteil der Asphaltdecke entdecken. Hierbei handelt es sich um Olivin. Es entsteht bei Vulkanausbrüchen, bei denen Magma aus tiefen Erdschichten herausgeschleudert wird. Hauptsächlich zu finden ist es in der Nähe von Auswurfgebieten, wie zum Beispiel bei der Caldera Colorada. An Stränden sind die Millimeter großen Körnchen oft vom Meerwasser herausgewaschen und wunderschön glänzend abgeschliffen. Der aus dem Olivin geschliffene Halbedelstein heißt Peridot. César Manrique, einer der Architekten der Insel, hat erwirken können, dass der Olivin nicht aus Lanzarote ausgeführt werden darf. Sonst nur zur Gestaltung von Schmuck verwendet, wird das Mineral Olivin auf Lanzarote ganz beiläufig mit in die Asphaltdecke eingearbeitet.

Schlüsselstelle, schmaler Pfad

einzelnen Palmen zu. Von hier aus kann man bis in den Talgrund schauen, wo zwei Barrancos zusammenfließen. Wir steigen weglos in das rechte Barranco herunter und weiter, bis von links das zweite Barranco dazu kommt. Von nun an folgen wir dem Barranco bis zu einer Ruine. Hinter der Ruine gehen wir auf einen nun klar erkennbaren Pfad talauswärts.

Wir treffen auf ein Steinmännchen an einer langen braunen Steinwand und links unterhalb von uns liegt ein altes Wasserreservoir. Es ergeben sich nun **zwei Varianten 05**. In der Tour 9 ist die Variante oberhalb des Barranco beschrieben. Wir gehen nun hier direkt weglos in das Barranco herunter. Schon nach 150 m müssen wir links einen Wasserfall umgehen. Unterhalb des Wasserfalls gilt dann Wegbeschreibung Tour Nummer 9 in umgekehrter Richtung bis zum **Ausgangspunkt 01**.

Windpark oberhalb des Barranco

TEGUISE – CALETA DE FAMARA

Wanderung durch das Risco-de-Famara-Gebirgsmassiv zu einem Traumstrand

 9,7 km 3:15 h 40 hm 320 hm 241

START | Mit der Buslinie 07, 09, 10, 14 und 26 geht es von Arrecife nach Teguise. Von Caleta de Famara mit der Buslinie 310 und 313 nach Teguise. Mit dem Pkw ist es von Arrecife auf der LZ-1 und LZ-10 12 km nach Teguise. Im Kreisverkehr von Teguise nehmen wir die dritte Ausfahrt in die Calle Gran Canaria und dann gleich links in die Calle Guatatiboa, wo man gegenüber der Gemeindeverwaltung von Teguise parken kann.
GPS-Daten zum Parkplatz [29.05765 -13.561167].
CHARAKTER | Nach nur 40 m Anstieg geht es gemächlich auf einfachen Wegen bergab. Nachdem man Teguise hinter sich gelassen hat, ist die Orientierung eindeutig.

Unsere Wanderung beginnt im geografischen Zentrum der Insel, Teguise. Sie zählt mit zu den ältesten Städten auf den Kanarischen Inseln und ist heute ein kulturelles Zentrum. Die denkmalgeschützte Altstadt mit ihren kolonialen Palästen und kleinen Gassen prägt das Stadtbild. Von dort führt unsere Wanderung durch die südlichste Flanke des Risco-de-Famara-Gebirgsmassivs über einen Höhenweg durch die Schlucht de Maramajo zum längsten Sandstrand der Insel.

▶ Von der **Bushaltestelle** 01 und dem Parkplatz gehen wir auf der Calle Santo Domingo bis zur Hauptstraße Calle Josè Betancort

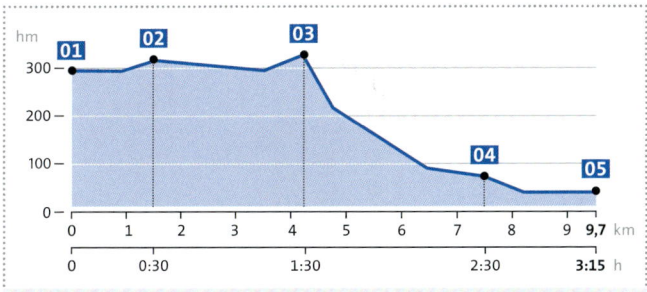

01 Bushaltestelle Teguise, 299 m; **02** Camino Naturale, 338 m; **03** Pass Morro Alto, 343 m; **04** Bungalowanlage, 64 m; **05** Playa de Famara, 20 m

Burganlage Santa Barbara

vor. Nach 100 m, am Restaurant Cantina, gehen wir links in die Fußgängerzone, über den Plaza de la Constitution und weiter links an der Iglesia de Nuestra Señora de Guadalupe vorbei. An dem vor uns liegenden großen Platz gehen wir rechts an weiteren Parkplätzen vorbei, um dann links beim Kreisverkehr in die Calle Argote de Molina zu gehen, in die Calle Puerto y Villa de Garachico rechts einzubiegen und bis zur Kreuzung

vorzugehen. Halb links liegt das Fußballstadion, an dem wir rechts vorbeigehen und bei einer Weggablung links nun ein Stück auf dem **Camino Naturale** 02 gehen. Nach 400 m an einer 2 m hohen Steinmauer gehen wir weiter links und gehen nicht rechts auf dem Camino-Naturale-Abzweiger weiter. Für die nächsten 2,5 km gehen wir auf dem Hauptweg und lassen Abzweiger zu den Feldern rechts und links liegen, bis wir auf ein

Iglesia de Nuestra Señora de Guadalupe in Teguise

Bahía de Penedo

Bajo de San Juan
El Bajo de Piedra Prieta
El Morro de las Palomas

Morro de Simancas

El Perejil

Prudencio

Caleta
de la Villa

El Risco

Caleta
de Famara

Caleta de Famara

Playa de Famara

Urbanización
Famara

Casas de P

La Hoya
de la Abubilla

Bajamar
Casa García

05

La Suerte de
la Campana

La Peña de la Arena

Mancha Vagal

Los Matorrales

Barranco de la

Cortijo del Rí

LZ 403

04

**PARQUE NATURAL DEL
ARCHIPIÉLAGO CHINIJO**

El Morro del Jable

Las Abubillas

os Leones

Casa del Molino

Urbanización
Vista Graciosa

La Hoya de la Caleta

LZ 402

Los Tableros

La Peña de
los Bajaires

Las Tierras
de Rijo

La Hoya
del Canto

Peña de
la Cásita

Canal de Famara

Bco. de Horca

Las Laderas

LZ 403

Barranco de las Piletas

7

Morro Prieto

· 362
La Montaña de Chimia

350

Chimia

02

Ermita de San Rafael

El Majuelo

Morro del Hueso

lcán

TEGUISE

01

Convento de
Santo Domingo

Cuesta Jai

3

Risco de las Nieves

Ermita
las Nie

Las Laderas

Bco. de Maramajo

Pico de
Maramajo

03

Dise B

Cerro Terroso
413

Valle Elbera

Lomo Blanco

17

Eremita de San José

· 383

Vega de San José

El Calvario

LZ 10

Cortijo de las
Cruces

2,5

Arnilla

Los L

LZ 404

Museo
de la Piratería

Castillo de
Santa Bárbara

Guanapay
445

1,5

Meseta de la Torre

Las Cantreras

0   500 m

Blick vom Pass Morro Alto

weißes Gebäude auf einer Kreuzung mitten im Nichts treffen.

80 m später nehmen wir den linken Schotterweg nun bergauf zum **Pass Morro Alto** 03 (343 m). Hier überschreiten wir den kleinen Pass und folgen dem Wegweiser Richtung Las Laderas. Der Schotterweg wird zu einem schmalen Pfad und schlängelt sich jetzt im Ausläufer des Risco-de-Famara-Gebirgsmassives in der weiten Ferne sichtbar werdenden Playa Famara. Je weiter man absteigt, je weiter kann man quer in die Flanke des Risco-de-Famara-Bergmassives schauen und auch die vorgelagerte Insel La Graciosa kommt zum Vorschein. Der Pfad quert mehrere tiefe Erosionsrinnen. Die beeindruckendste ist die als „Barranco de Maramajo" bezeichnete Schlucht. Nachdem der Pfad den Barranco gequert hat, führt er zunächst parallel zum Barranco, um dann leicht rechts direkt auf die Küste zuzugehen.

Bei zwei Steinmännchen gehen wir an der Schotterstraße rechts und erreichen die **Bungalowanlage** 04. Links führt eine Asphaltstraße gerade herunter zum **Playa de Famara** 05.

Von hier aus kann man direkt am Strand oder parallel zur Asphaltstraße zur Bushaltestelle am linken Ortseingang von Caleta de Famara vorgehen.

Strand Caleta de Famara

PUNTA MUJERES – JAMEOS DEL AGUA – CUEVA DE LOS VERDES

Auf den Spuren eines vor 20.000 Jahren entstandenen Lavatunnels

 6,2 km 2:00 h 50 hm 50 hm 241

START | Mit der Buslinie 09 geht es von Arrecife nach Punta Mujeres. Mit dem Pkw sind es von Arrecife auf der LZ 1 die 25 km Punta Mujeres. Rechts in den Camino Punta Mujeres abbiegen und gleich links vom Minimarkt auf dem großen Platz parken. GPS-Daten zum Parkplatz [29.146467 -13.448567].
CHARAKTER | Einfacher Spaziergang, der aber nach den Cueva de los Verdes den Orientierungssinn fordert.

Unsere Wanderung beginnt in dem kleinen Fischerdörfchen Punta Mujeres. Mit dem Jameos del Agua, viele sagen das schönste Kunstwerk César Manriques, und dem Besuch der Grotte Cueva de Los Verdes können wir auf dieser Wanderung gleich zwei der top Sehenswürdigkeiten auf Lanzarote besuchen. Das Grottensystem diente den Insulanern aber auch als Zufluchtsstätte, um sich vor Piratenangriffen zu schützen. Unser Weg zurück nach Punta Mujeres führt über diesen uralten Pfad zur Grotte zurück zum Ausgangspunkt.

▶ Beim **Parkplatz und Bushaltestelle** 01 gehen wir in südwestlicher Richtung in die Calle las Quemadas, um nach 90 m links in

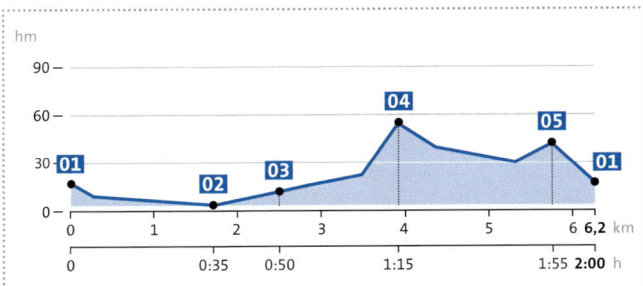

01 Parkplatz und Bushaltestelle, 18 m; 02 Strandabschnitt, 8 m;
03 Jameos del Agua, 11 m; 04 Cueva de los Verdes, 55 m;
05 oberhalb von Punta Mujeres, 43 m

die Calle la Seba zu biegen. Nach 50 m, an einer Stelle wo man Boote zu Wasser bringen kann, gehen wir rechts, um dann gleich wieder links an der Promenade zu gehen. Bei den Naturschwimmbecken gehen wir links, um gleich wieder rechts auf der Straße aus dem Ort heraus zu gehen. Hinter dem letzten Gebäude beginnt rechts parallel zum Küstenstreifen ein Pfad. Im Winter und Frühling säumen viele grüne Wolfsmilchgewächse den Weg. Es ergibt sich ein tolles Farbenspiel aus dem schwarzen Lavagestein, dem dunkelblauen Meer, der weißen Gischt sowie einigen weißen Strandabschnitten und dem grünen Wolfsmilchgewächs. Im Übergang vom Frühjahr zum Sommer wird das Farbenspiel noch durch rote Tupfer der Kristall-Mittagsblume ergänzt.

Vorbei geht es an zwei kleinen Sandbuchten, bis wir an einen größeren **Strandabschnitt** 02 mit weißem Sand kommen.

Nach 600 m treffen wir auf große Felsblöcke, die den Weg absperren. Hier gehen wir links den Pfad hoch zum **Jameos del Agua** 03. Wir überqueren den großen Parkplatz und gehen bis zur Hauptstraße LZ-1 vor. Nachdem wir diese bei dem Stoppschild überquert haben, gehen wir nun leicht bergauf 550 m auf der Asphaltstraße.

20 m hinter dem rechts von uns liegenden Parkplatz zu den **Cueva de los Verdes** 04 zweigt links eine Asphaltstraße ab, die für Autos gesperrt ist. Nach 120 m macht die Asphaltstraße eine 90°-Linkskehre und führt zu einem Gebäude, an dem wir bereits in 50 m Entfernung vorbeigegangen sind. Hier

Küste vor Punta Mujeres

gehen wir nun auf einem kaum erkennbaren Pfad, in Verlängerung der Asphaltstraße, geradeaus in südöstlicher Richtung. Als Orientierungspunkte findet man nun immer wieder kleine Betonsockel, aus denen gekappte und verrostete Metallrohre herausgucken. Es ist nun ein breiterer Weg zu erkennen, wir gehen parallel zur LZ-1, und nach 900 m befinden wir uns auf der Höhe von einer Ruine, die rechts oberhalb von uns steht.

Wir passieren eine Steinmauer, die sich genau auf der Höhe der ersten Häuser **oberhalb von Punta Mujeres** 05 liegt. Der Weg führt leicht bergab, um dann kurz danach gleich wieder rechts bergauf an einer Steinmauer weiterzugehen. Der Weg verläuft sich und wir halten uns links vorbei an einigen Feldern auf eine Anhöhe zu. Am

Sandbucht hinter dem schwarzen Vulkangestein

höchsten Punkt sieht man ein Betonviadukt, das wir überqueren in Richtung einer Schotterstraße, die uns links zum **Ausgangspunkt** 01 zurückführt.

TEGUISE – CASTILLO SANTA BARBARA – LAGOMAR

Tolle Panoramarunde inklusive zwei top Sehenswürdigkeiten

  8,3 km  3:20 h  215 hm  215 hm   241

START | Mit der Buslinie 07, 09, 10, 14, 26, 52 und 53 geht es von Arrecife nach Teguise. Mit dem Pkw ist es von Arrecife auf der LZ-1 und LZ-10 12 km nach Teguise. Im Kreisverkehr von Teguise die dritte Ausfahrt in die Calle Gran Canaria und dann gleich links in die Calle Guatatiboa, gegenüber der Gemeindeverwaltung von Teguise parken.
GPS-Daten zum Parkplatz [29.057517 -13.561133].
CHARAKTER | Einfacher Spaziergang auf gut befestigten Wegen.

Unsere Wanderung beginnt im geografischen Zentrum der Kanarischen Insel Lanzarote, dem Ort Teguise. Mit ihren architektonischen Gebäuden und ihrer Geschichte sollte man sich für diesen Ort einen eigenständigen Tag einplanen. Man kann die Besichtigung von Teguise aber auch mit dem jeden Sonntagmorgen stattfindenden Markttag kombinieren.

Auf einem Höhenweg mit tollen Ausblicken pendeln wir zwischen Teguise und Nazaret.

▶ Von der **Bushaltestelle** 01 und dem Parkplatz gehen wir auf der Calle Santo Domingo bis zur Hauptstraße Calle Josè Betancort vor. Nach 100 m, am Restaurant Cantina, gehen wir links in die Fußgängerzone, über die Plaza de

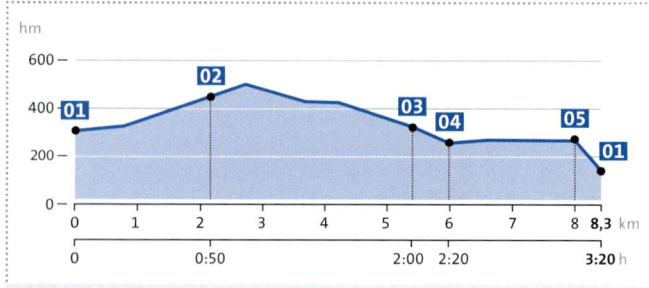

01 Bushaltestelle und Start, 303 m; 02 Burganlage Santa Barbara, 444 m;
03 Blick auf Nazaret, 348 m; 04 Museum LAGOMAR, 281 m;
05 Kirche San Francisco, 312 m

Burganlage Santa Barbara

la Constitution und weiter links an der Iglesia de Nuestra Señora de Guadalupe vorbei. An dem vor uns liegenden großen Platz gehen wir rechts an weiteren Parkplätzen vorbei, um dann beim Kreisverkehr rechts auf der Asphaltstraße in kleinen Kehren auf den vor uns liegenden Vulkankegel zu steigen. Wir erreichen die **Festungsanlage**

Santa Barbara 02 auf dem Kraterrand des Vulkans Guanapay mit 442 m. Von hier ergeben sich wunderschöne Blicke auf Teguise, die Westküste zwischen den Dörfern Sòo und la Caleta de Famara sowie die komplette Ostküste dieser Gemeinden. Die Festungsanlage stellt somit einen erstklassigen Beobachtungsposten dar. Und ge-

Museum Lagomar

Das Museum Lagomar ist eines der imposantesten Gebäude Lanzarotes. Es wurde in die Klippen eines Steinbruchs, hängend in die Landschaft, integriert, ohne sie dabei zu zerstören. Schon von Weitem verleihen die weißen Mauern einen faszinierenden Blick auf dieses Gebäude. César Manrique hat dieses Gebäude in seinem typischen Stil entworfen und der Künstler Jesús Soto hat es für den Engländer Sam Benady gebaut. Als Omar Sharif zu Dreharbeiten nach Lanzarote hat er sich sofort in dieses Anwesen verliebt und es erworben. Sam Benady wusste, dass Omar Sharif eine Leidenschaft für Kartenspiele hatte. Was Omar Sharif aber nicht wusste, dass Benady ein ausgezeichneter Bridgespieler war. So verlor er das Bridgespiel und somit das Haus am selben Tag, wo er es erworben hatte. Er hat dort also niemals gewohnt. In den neunziger Jahren wurde die Anlage von den Architekten Dominique von Böttinger und Beatriz van Hoff weiter ausgebaut und es entstand auf 7000 m² ein faszinierendes Anwesen. Das Zentrum, direkt an einem künstlich angelegten Kratersee, bildet das Restaurant Lagomar, mit wunderschönen Terrassen. Neben verschiedenen Felsgärten, verschlungenen Pfaden, einem Wassertunnel gibt es auch eine sehr beeindruckende Höhlenbar la Cueva, die zum chillen einlädt. Weiterhin ist das Wohnhaus auch zu einem Museum ausgebaut worden, das Platz für Ausstellungen bietet. Zum Ende der 2000er-Jahre wurde das Museo Lagomar für die Besucher geöffnet.

nau das war die Aufgabe der Festung, wie auf allen kanarischen Befestigungen – gut Ausschau nach Piraten zu halten. So konnte man die Einwohner der Insel, hauptsächlich zwischen dem 16. und 18. Jahrhundert, vor den Piraten warnen. Santa Barbara wurde in den 70er- und 80er-Jahren aufwendig restauriert. Ab 2011 wurde die Festungsanlage in ein Museum über Geschichte der Piraterie umgestaltet. Links hat man einen schönen **Blick auf Nazaret** `03`. In den letzten Jahren haben sich viele Reiche entschieden, diesen Ort als ihren Lebensmittelpunkt zu wählen. Luxusvillen reihen sich in den Straßen zahlreich aneinander und vermitteln dem Ort damit ein besonderes Flair.

Einige Meter hinter einem Barranco, an einer Weggabelung, gehen wir nun links auf der Schotterstraße bergab. Aus dem Schotterweg wird eine Asphaltstraße, und in Kehren geht es bergab, um bei einem Stoppschild rechts zum **Museum LAGOMAR** `04` zu gelangen. Wir gehen die Straße wieder hoch zum Wegpunkt `03`, um dann links in die Straße mit dem „30 km/h"-Schild zu biegen. Vorbei geht es an einem weißen Haus mit einer schwarzen Mauer. Vereinzelt kann man jetzt schon die Kirchturmspitze von Teguise sehen. Eine Asphaltstraße führt uns nun direkt in den Kreisverkehr von Teguise und vorbei geht es links an der **Kirche San Francisco** `05` zurück zum **Ausgangspunkt** `01`.

MONTAÑA TINAMALA • 319 m

Auf den Spuren alter Steinbrüche

 5,8 km 2:20 h 230 hm 230 hm 241

START | Mit der Buslinie 07 und 09 geht es von Arrecife zum Plaza de Guatiza. Mit dem PKW sind es von Arrecife 17 km bis Guatiza. Zunächst fährt man auf der LZ-1 bis zur Ausfahrt Guatiza. Im Ort Guatiza gibt es dann viele Parkplätze.
GPS-Daten zum Parkplatz [29.074717 -13.4804].
CHARAKTER | Der Abstieg vom Vulkan ist steil und rutschig. An einigen Stellen ist die Orientierung nicht einfach.

Der Startpunkt der Tour liegt in Guatiza, einem kleinen Dorf im Nordwesten der kanarischen Insel Lanzarote, nicht weit entfernt von der Atlantikküste. Die Wanderung führt über den vor den Toren von Guatiza liegenden Vulkan Montaña Tinamala und vorbei an zwei Steinbrüchen.

▶ Von der **Bushaltestelle und Start 01** 400 m auf der Hauptstraße in südlicher Richtung zum Kreisverkehr und zur Ausfahrt bei der LZ-1. Es geht links in die Calle Tajasnoyo, durch eine Rechtskurve vorbei an Kakteen und schönen Einfamilienhäusern. Am Ende der Straße geht es rechts und nach 25 m gleich links bergauf auf den von Steinen eingesäumten und von Pflanzen eingewachsenen Weg. Nach 100 m gehen wir rechts auf einem nun erkennbaren Pfad, nach 150 Metern an einer anderthalb bis 2 m hohen Mauer vorbei, direkt auf den rechten vor uns liegen Bergrücken des Vulkans zu. Nach einem kurzen Anstieg erreichen wir das hölzerne Gipfel-

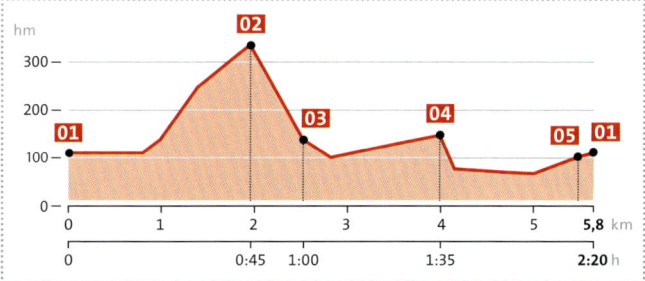

01 Bushaltestelle und Start, 108 m; 02 Montaña Tinamala, 319 m; 03 offener Steinbruch, 145 m; 04 alter Transporter, 147 m; 05 Kirche Santo Gusto, 101 m

kreuz des **Montaña Tinamala** 02 (334 m). Wir werden mit einem traumhaften 360°-Rundblick belohnt. In südlicher Richtung führt nun ein rutschiger und steiler Pfad bergab.

Bevor wir aber auf die Schotterstraße rechts gehen, gibt es nochmal die Möglichkeit, links in einen sehr beeindruckenden **offenen Steinbruch** 03 hereinzuschauen. Ein Foto von diesem offenen Steinbruch hängt auch im Museum LAGOMAR. Siehe Tour 19 in diesem Wanderführer. Im Talgrund geht es rechts Richtung Tankstelle. Am Kreisverkehr geht es dann rechts 200 m auf der Asphaltstraße Richtung Guatiza. Hier führt ein Schotterweg rechts bergauf durch zwei weiße verwaschene Betontorpfosten. Leicht bergauf, bei einer Wegverzweigung, führt der Weg links zu verrosteten Förderanlagen so-

wie einem **alten Transporter** 04. Auch diesen alten Transporter kann man noch als Farbfoto, damals hatte er rote Farbe, im LAGOMAR-Museum betrachten.

Wir gehen weiter in nordöstlicher Richtung, der Vulkan liegt rechts vom Steinbruch. Bei zwei Schutthaufen mit Betonblöcken geht es links vorbei an diesen, um dann den Steinbruch zu verlassen. Ein kleines Barranco wird zunächst gequert, um dann weglos abzusteigen, wo die Schotterstraße auf die Asphaltstraße trifft. Wir gehen auf dieser Schotterstraße Richtung Guatiza, kreuzen ein Stück des Hinwegs und biegen dann links in die Calle Princesa Guayarmina, rechts in die Calle Tanausú und nach der **Kirche Santo Gusto** 05 wieder links in die Calle Ramirez Cerda zurück zum **Ausgangspunkt** 01.

Blick auf den Montaña Tinamala

Am Gipfelkreuz des Montaña Tinamala

MONTAÑA DE GUENIA • 358 m

Kurze Besteigung auf einen der beiden Aussichtsberge südlich von Guatiza

 7 km 2:20 h 260 hm 260 hm 241

START | Mit der Buslinie 07 und 09 geht es von Arrecife zum Plaza de Guatiza. Mit dem Pkw sind es von Arrecife 17 km bis Guatiza. Zunächst fährt man auf der LZ-1 bis zur Ausfahrt Guatiza. Im Ort Guatiza gibt es dann viele Parkplätze.
GPS-Daten zum Parkplatz [29.074717 -13.480400].
CHARAKTER | Einfache Wanderung bei eindeutiger Orientierung. Je nach Variante kann man die Tour leichter oder schwerer gestalten.

Guatiza ist ein kleines Dorf mit 850 Einwohnern im Nordosten der kanarischen Insel Lanzarote und gehört zur Gemeinde Teguise. In nordwestlicher Richtung von Guatiza liegt das Ziel unserer Wanderung, die Montaña de Guenia. Der Berg gehört zu einem der beiden Vulkane südlich von Guatiza (siehe auch Wanderung 20, Montaña Tinamala).

▶ Von der **Bushaltestelle 01** und auch vom Parkplatz geht es rechts in die Calle Sta. Margarita in westliche Richtung. Wir treffen auf eine Stichstraße und gehen rechts, bei der nächsten Möglichkeit wieder rechts, auf die LZ-405/Calle Tarajal die LZ-1 führt. Danach führt eine Asphaltstraße links bergauf, vorbei an einem rechts liegenden Friedhof, gerade auf ein Wasserre-

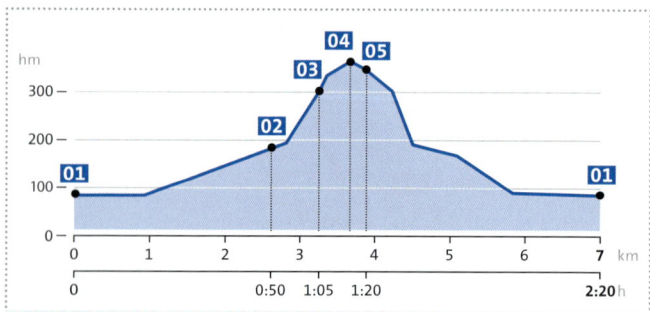

01 Bushaltestelle und Start, 97 m; **02** Richtung Montaña de Guenia, 198 m;
03 Felsdurchbruch, 300 m; **04** Montaña de Guenia, 358 m;
05 Variante über den Kraterrand, 349 m

Blick vom Montaña Tinamala auf Montaña de Guenia

Aufstieg zu Montaña de Guenia

servoir zu. Hier können wir weiter rechts die Asphaltstraße in einer großen Linkskehre gehen oder über einen schmalen Pfad bergauf abkürzen, der direkt neben dem Wasserreservoir beginnt.

Links und rechts der Asphaltstraße befinden sich Felder. Bevor die Straße eine Rechtskurve macht, ca. 20 m hinter den letzten Feldern auf der linken Seite, biegt links ein Schotterweg **Richtung Montaña de Guenia** 02 ab. Variante: Wenn man nicht mit dem Bus anreist und einen kurzen Aufstieg möchte, kann man bis zum Wegpunkt 02 mit dem Auto fahren (GPS-Daten: N29 04.355 W13 29.924).

Die Schotterstraße macht eine scharfe Linkskurve und nach 120 m haben wir bereits auf der linken Seite eine Ruine passiert. Kurz weglos gehen wir nun rechts neben einem Barranco genau auf die nordöstliche Öffnung des Vulkankraters zu. Es ist wieder ein Weg zu erkennen, wir gehen durch eine Steinmauer und im weiteren Verlauf rechts vorbei an einer hohen Steinmauer, um dann auf einem Pfad zu dem gut sichtbaren **Felsdurchbruch** 03 aufzusteigen.

Von hier aus gehen wir auf dem Vulkangrat auf den Gipfel des **Montaña de Guenia** 04 (358 m). Beim Abstieg können wir den gleichen Weg wieder zurücknehmen oder eine **Variante** 05 über den anderen nordöstlichen Kraterrand wählen. Der Weg ist steiler, weglos mit rutschigem Gestein und macht aus der Wanderung eine rote, also mittelschwere Tour. Am Fuße des Vulkans trifft man auf einen Pfad, der links durch das Barranco wieder auf den Schotterweg und zur Asphaltstraße führt. Der Rückweg ist wie der Hinweg.

EL GRIFO – MONTAÑA DE GUARDILAMA

Mitten im Weinanbaugebiet wird der dritthöchste Berg der Insel bestiegen

 7,7 km 2:30 h 350 hm 350 hm 241

START | Mit der Buslinie 05 geht es von Arrecife bis nach Palmera La Asomada. Von dort kann man zwischen dem WP 02 und WP 03 in die Tour einsteigen. Mit dem Pkw sind es 20 km von Arrecife auf der LZ-2, LZ-501 und der LZ-30 nach La Geria. Zwischen den Bodegas gibt es viele Parkplätze.
GPS-Daten zum Parkplatz [28.969217 -13.71395].
CHARAKTER | Auf den durchwegs guten Wegen wird an einigen Stellen der Orientierungssinn gefordert.

Der Startpunkt unserer Wanderung ist La Geria. Vorbei führt der Weg an vielen Bodegas, umgeben von unzähligen Rebstöcken. Wir besteigen einen top Aussichtsberg von Lanzarote. Vom Vulkangipfel kann man dann sehr gut erkennen, warum wir uns im größten Weinanbaugebiet der Kanarischen Inseln befinden. 360°-Rundsicht mit dem Timanfaya-Gebirge im Norden, dem höchsten Berg der Insel, dem Penas del Chache im Osten, den Orten Puerto Calero sowie Puerto del Carmen im Süden und dem dritthöchsten Berg der Atalaya de Femes im Westen, machen diese Wanderung zu einem besonderen Erlebnis.

▶ Von den Bodegas in **La Geria** 01 geht es vorbei an noch weiteren Bodegas in östlicher Richtung auf der LZ-30. 150 m hinter der Bodega

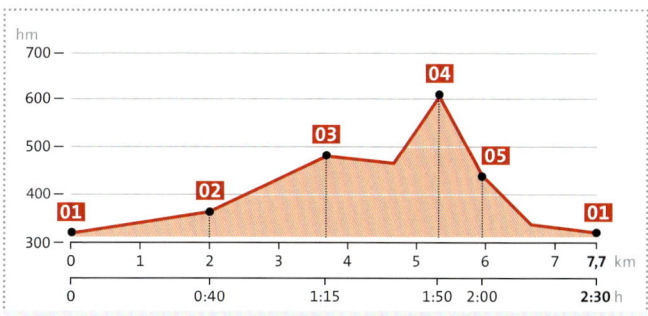

01 La Geria, 319 m; 02 rechts abbiegen, 361 m; 03 Caldera de Gaida, 484 m; 04 Montaña de Guardilama 603 m; 05 oberhalb von Tinasoria, 442 m

El Grifo, Drachenbaum

Stratvs mit den schönen Eukalyptusbäumen biegen wir rechts bei einem weißen Haus mit grüner Tür in eine Straße mit schwarzem Lavagranulat. Die erste Einfahrt mit den zwei weißen Pfosten lassen wir liegen. Rechts vorbei geht es an einer gelb angemalten Finca. Nach einer kleinen Anhöhe, bei einem halbhohen Wegweiser der Inselregierung, zweigt **rechts** 02 ein Weg an einem weißen Haus mit grauer Tür ab. Der Weg führt nun steil bergauf und ist im weichen Lavagranulat nicht einfach zu meistern. Nach 340 m an der Weggabelung geht es links 500 m bis zu einem Haus. Hier zweigt rechts eine Straße in südlicher Richtung ab. Bereits nach 50 m an der Weggabelung geht es rechts an einem verlassenen Haus auf vereinzelt stehende Palmen im erhöht vor uns liegenden Hang zu. Kurz hinter den Palmen lassen wir den Abzweiger links zu einem Kakteenfeld liegen und gehen jetzt direkt durch eine Schilfgras-Allee in die **Caldera de Gaida** 03 hinein. Am Ende einer Steinmauer, in einer Mulde mit einem schwarzen Lavahaufen, machen wir eine

La Geria und seine Weine

Zum Ende des 16. Jahrhunderts prägten Getreidefelder die Landschaft um das Gehöft La Geria. Der Boden war fruchtbar und brachte Erträge in Hülle und Fülle. Bei den Vulkanausbrüchen von 1730–1736 wurden Dörfer und Felder zerstört und bis zu 4 m mit Asche bedeckt. Als Folge der Vulkanausbrüche war man gezwungen, die Anbaumethoden in dieser Gegend radikal zu verändern und man musste sich auf andere Erzeugnisse konzentrieren. Die Rebsorte Malvasier war dafür prädestiniert, da man sie bereits im 16. Jahrhundert auf Lanzarote eingeführt und sie sich perfekt den Bedingungen der Insel angepasst hatte. Bei der neuen Anbaumethode wurden bis zu 3 m tiefe Mulden gegraben, um den darunter liegenden fruchtbaren Boden zu erreichen und gleichzeitig die Rebstöcke vor dem Wind zu schützen. Man pflanzte den Rebstock in eine etwa 20 cm dicke Schicht aus picón (vulkanisches Lapilli = Vulkanasche). Die Vulkanasche hat die Eigenschaft, Wasser zu speichern, wodurch ständig Feuchtigkeit gespendet werden kann und die Austrocknung der Pflanzen reduziert wird. So erzielt man bei den sehr geringen Niederschlagsmengen regelmäßig gute Ernten. Es entstand das einzigartige Landschaftsschutzgebiet La Geria. Das Gehöft La Geria überlebte die Katastrophe und wurde im Laufe von drei Jahrhunderten mehrfach saniert, bis daraus die heutigen Bodegas Rubicón wurden. Durch Harmonie aus Tradition und Innovation wurde das alte Gut restauriert. Es wurden ursprüngliche Materialien mit modernster Technologie zur Weinerzeugung kombiniert. Hier entstand ein sehr sehenswertes Museum. Die Weine der Sorten Malvasier und Muskateller brauchen keinen Vergleich mit großen Weingütern in Frankreich oder Italien zu scheuen.

scharfe 315°-Rechtskehre. Vorbei geht es nun weglos bergauf an niedrig gewachsenen und fast vertrockneten Feigenbäumen auf den Grat des Vulkans. Hier treffen wir auf einen Pfad, dem wir links folgen. Nach einem Feld mit Kakteen haben wir bereits 180 Grad des Vulkankraters begangen.

Bevor der Weg wieder ansteigt, gehen wir zunächst rechts bergab, um dann parallel oberhalb eines weiteren Kakteenfeldes mit dahinterliegenden Weinreben zu gehen. Hinter diesem Feld geht der Weg rechts steil herunter zur Einsattelung zwischen den beiden Vulkanen. Von hier aus führt ein klar erkennbarer Pfad direkt zur **Montaña de Guardilama** `04` (603 m).

Nach dem Abstieg, **oberhalb von Tinasoria** `05` an der Schotterstraße, gehen wir rechts an den ersten vor uns liegenden Rebstöcken vorbei. Nach 100 m führt der Weg durch die Weinfelder. In der Ferne sehen wir eine Palme, die wir als nächsten Wegpunkt nehmen. Bei einer gelbweißen Markierung auf einem Holzpfeiler gehen wir an der Schotterstraße rechts, vorbei an der rechts von uns liegenden Bodega El Chupadero in La Geria bis zur LZ-30 vor, um dann links zum **Ausgangspunkt** `01` zu kommen.

MONTAÑA DE LA CINTA • 439 m

Wachposten mit historischen Stellenwert oberhalb von Yaiza

 5,5 km 1:50 h 290 hm 290 hm 241

START | Mit der Buslinie 06 und 60 geht es von Arrecife nach Yaiza. Mit dem Pkw sind es von Arrecife auf der LZ-1 nach Yaiza 23 km. GPS-Daten zum Parkplatz [28.952383 -13.763117].
CHARAKTER | Einige teils steile und rutschige Passagen. Die Orientierung ist immer eindeutig.

Die Montaña de la Cinta ist nicht besonders hoch, steht aber wie ein großer Wachposten oberhalb von Yaiza. In der Geschichte Lanzarotes hat der Berg aber einen besonderen historischen Stellenwert. Als am 1. September 1730, zwischen 9:00 und 10:00 Uhr abends, der Vulkan Timanfaya ausbrach, kletterte der Pfarrer von Yaiza, Don Andrés Lorenzo Curbelo, auf genau diesen Berg, um zu beobachten, was nur zwei Wegstunden entfernt von Yaiza geschah. Aus diesen ersten Beob-achtungen des Pfarrers entstand ein Tagebuch mit den Notizen über die Ereignisse in den Jahren 1730–1736. Bei dieser Wanderung gewinnt man schnell an Höhe und es ergeben sich wunderschöne Ausblicke über Yaiza bis tief in die Feuerberge herein. Einmal auf dem Gipfel kann man die komplette Südwestküste von Lanzarote überblicken.

▶ Von der **Bushaltestelle in Yaiza** 01 gehen wir auf der Hauptstraße Richtung Playa Blanca.

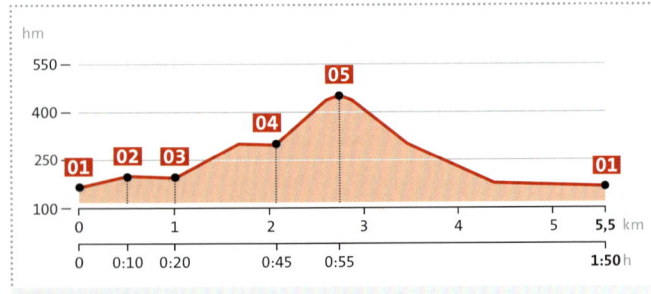

01 Bushaltestellle in Yaiza 01 , 165 m; 02 Parkmöglichkeit, 184 m;
03 Blick auf den Ort Yaiza , 181 m; 04 Weggabelung, 309 m;
05 Gipfel Montaña de la Cinta, 439 m

Blick vom Atalaya de Femés auf die Montaña de la Cinta

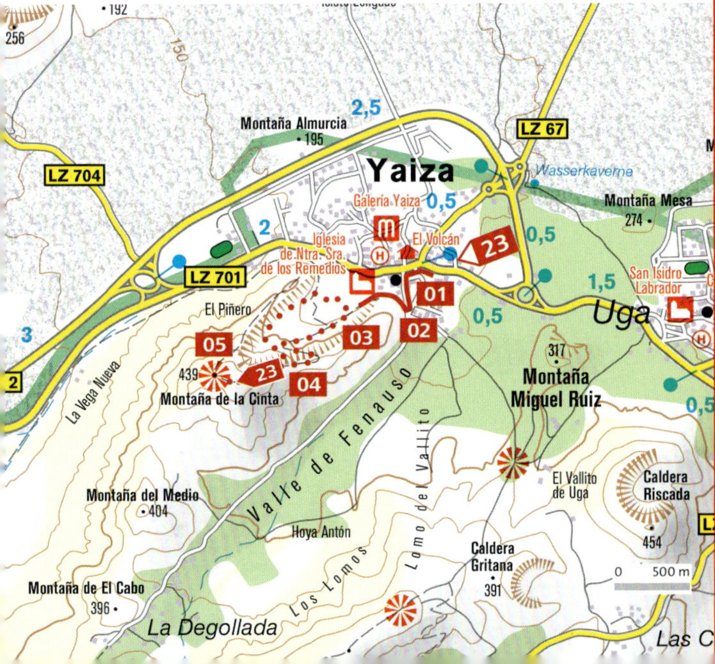

Hinter der Wallfahrtskirche Nuestra Senora de los Remedios geht es links in die Av. Del Rubicón bis zum Kreisverkehr, wo wir gleich in die erste Ausfahrt, noch vor der Treppe, gehen.

Wer mit dem Pkw anreist, fährt durch den Kreisverkehr durch und findet gleich links eine gute **Parkmöglichkeit** `02`. Zwischen dem Kreisverkehr und der Treppe gehen wir links in die Calle Párroco Andrés Curbelo, die auch bald zur Schotterstraße wird. Die Schotterstraße macht eine Rechtskurve und wir gehen an dieser Stelle links 4–5 m bergauf, um auf eine weitere Straße zu gelangen.

Bereits von dieser Stelle hat man einen schönen **Blick auf den Ort Yaiza** `03`. Durch eine lang gezogene Linkskehre geht es nun steil auf der Schotterpiste bergauf. Angekommen auf einem Bergkamm – von links kommt ein Schotterweg – gehen wir scharf rechts nun über den Bergkamm direkt auf den Vulkan zu.

Nach 400 m treffen wir an die **Weggabelung** `04`, wo wir auf dem Rückweg rechts heruntergehen werden. Der Pfad wird nun sehr steil und in spitzen Kehren müssen Passagen auf rutschigem Gestein überwunden werden.

Über ein kleines Hochplateau erreichen wir den **Gipfel Montaña de la Cinta** `05` (439 m). Auf dem Rückweg gehen wir den gleichen Weg bis zur **Weggabelung** `04` zurück. Dort bei einem Steinmännchen gehen wir nun links entlang der Erosionsrinne auf dem kaum erkennbaren Pfad. Nach 300 m gehen wir rechts weiter ins Tal herunter durch ein Barranco, das durch einen Schutzwall befestigt ist. Nach weiteren 430 m, hinter ein paar Kakteen, die am Wegesrand stehen, zweigt rechts ein Pfad auf einer Art Damm ab. Durch eine Linkskurve gefolgt von einer Rechtskurve erreichen wir den Schotterweg, der uns nun links zum **Ausgangspunkt** `01` führt.

Blick vom Montaña de la Cinta

Der Hausvulkan von Puerto del Carmen

 5 km 1:40 h 330 hm 330 hm 241

START | Mit der Buslinie 32 geht es von Arrecife nach Cruce Mancha Blanca. Mit dem Pkw sind es von Arrecife auf der LZ-301 und LZ-35 10 km Richtung Montaña Blanca. Noch vor dem Ort an einem weiteren Juquete del Viento (Windspiel) von César Manrique geht es links auf die LZ-35, um nach 700 m auf einer Anhöhe rechts im Schotterweg das Auto zu parken. GPS-Daten zum Parkplatz [28.986900 -13.635933].

CHARAKTER | Steiler Aufstieg bei immer eindeutiger Orientierung.

Mit 595 m über dem Meeresspiegel ist die Montaña Blanca der fünfthöchste Berg auf Lanzarote. Er wird aber auch der weiße Berg genannt, da er im Gegensatz zu all den schwarzen Vulkanen der Neuzeit von 1730–1736 und 1824 ein helles Aussehen hat.

Wie bei uns Menschen ist die Farbe ein Indiz des Reifeprozesses. Alle Vulkane der Neuzeit, deren Gestein noch Farbnuancen aufweist, jeweils entsprechend der Hitze, der es während des Vulkanausbruchs ausgesetzt war, werden in Jahrmillionen auch diese weiß werden. Das in der Luft befindliche Kalziumkarbonat bewirkt diesen Wandel. Aufgrund der sehr geringen Niederschläge auf Lanzarote schreitet dieser Prozess sehr langsam voran.

So lässt sich erklären, warum die älteren Vulkane der Insel ein helleres Aussehen annehmen. Typische Beispiele sind die Caldera Blanca sowie die Montaña Blanca.

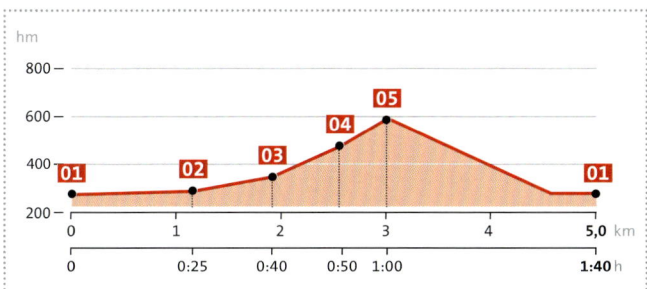

01 Bushaltestelle Montaña Blanca, 271 m; **02** Parkplatz, 275 m; **03** Wassertank, 354 m; **04** Ruine rechts, 464 m; **05** Montaña Blanca, 595 m

▶ Bei der **Bushaltestelle Montaña Blanca** `01` verlassen wir die Hauptstraße und gehen halb rechts an der Weggabelung in südöstlicher Richtung in die Calle las Rosas, um nach 450 m einen Abzweiger rechts zu einem Haus liegen zu lassen. Variante: Nach weiteren 60 m, hinter dem Gebäude, wo der rechte Abzweiger hinführt, und einem kleinen Haus können wir nun rechts weglos bergauf eine weite Umgehung abkürzen. Man sieht in 300 m Entfernung erhöht am Vulkan einen Wassertank mit einem Sendemast, den wir als Orientierungspunkt nehmen. Der Aufstieg ist steil und der Untergrund ist eine Mischung aus Sand und Schotter. Entscheiden wir uns nicht für diese Variante, geht es weiter auf der Schotterstraße vorbei an einer kleinen Ziegenfarm, um nach 700 m hinten auf eine Anhöhe auf den **Parkplatz** `02` zu treffen. Hier folgen wir nun der Schotterstraße direkt auf den Vulkan zu, vorbei an einer zweiten Ziegenhaltung.

Nach 650 m treffen wir auf den **Wassertank** `03` mit Sendemast, den man auch über die Variante erreicht. Es ergeben sich tolle Blicke auf den Ort Montaña Blanca sowie den dahinter liegenden Vulkan Monte Guatisea. In nordwestlicher Richtung reicht der Blick bis tief in die Feuerberge herein.

Die Schotterstraße macht eine scharfe Linkskurve und in zwei weiteren Kehren erreicht man bei einer **Ruine** `04` den Vulkankrater. Wir gehen nun zunächst weglos in südlicher Richtung in den Vulkangrund herein, um durch die Reste einer Steinmauer auf einen Pfad zu gelangen, der uns rechts auf den westlichen Vulkankrater führt.

Von dort sind es nur noch einige Meter bis zum Gipfel der **Montaña Blanca** `04` (595 m). Es ergeben sich wunderbare Blicke auf die komplette Ostküste, mit ihrem touristischen Zentrum Puerto Del Carmen sowie Blicke über die Weinanbaugebiete bis tief hinein in die Feuerberge. Über den östlichen Vulkankrater steigen wir teils weglos zu der Ruine herab und gehen dann den gleichen Weg zum **Ausgangspunkt** `01` zurück.

Montaña Blanca (595 m), von Puerto Caldero aus gesehen

Windspiel bei Mancha Blanca

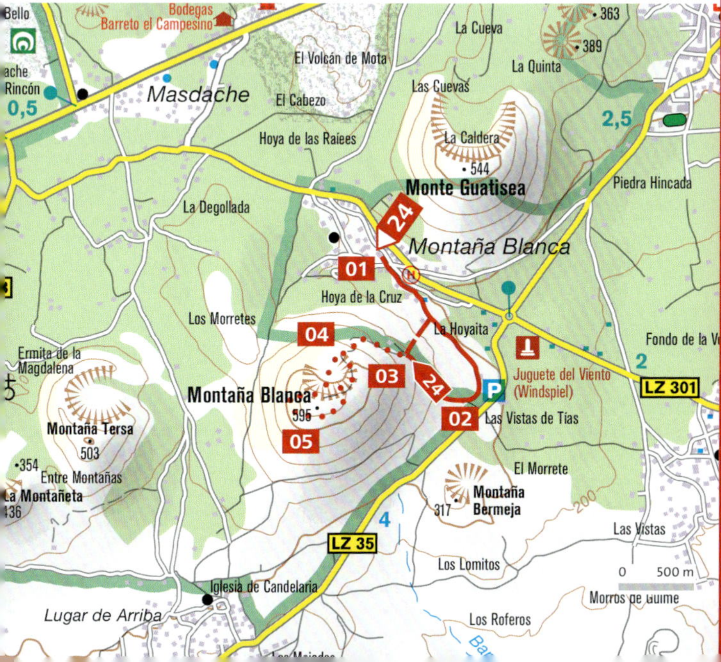

WEINMUSEUM BODEGAS EL GRIFO – MONTAÑA DE JUAN BELLO

Weinbaukunde für Anfänger kombiniert mit einer Vulkanbesteigung

 7,3 km 2:25 h 120 hm 120 hm 241

START | Mit der Buslinie 32 geht es von Arrecife nach Masdache. Mit dem Pkw sind es von Arrecife auf der LZ-301 14 km nach Masdache. Bereits in Masdache überqueren wir die LZ-30 und fahren in den Camino Juan Bello, wo wir außerhalb des Orts am großen Fußballplatz parken.
GPS-Daten zum Parkplatz [28.997350 -13.654850].
CHARAKTER | Leichte Orientierung und einfache Wanderung durch Weinfelder. Nur der Auf- und der Abstieg am Vulkan sind etwas steiler und steiniger.

Nur bei wenigen Wanderungen auf Lanzarote liegt der markante Unterschied zwischen zerklüfteten Oberflächen, die nicht landwirtschaftlich genutzt werden können, und fruchtbaren Weinanbaugebieten so nah beieinander, wie auf dieser Runde. Lassen Sie sich faszinieren von den gegensätzlichen Eindrücken dieser Runde.

▶ Von der **Bushaltestelle 01** gehen wir 30 m in westlicher Richtung, um gleich rechts in die Straße Camino Juan Bello abzubiegen. Nach einer leichten Linkskurve und weiteren 150 m kommen wir am Parkplatz sowie einem Fußballplatz vorbei. Nachdem wir an drei rechts von uns liegenden Häusern vorbeigekommen sind,

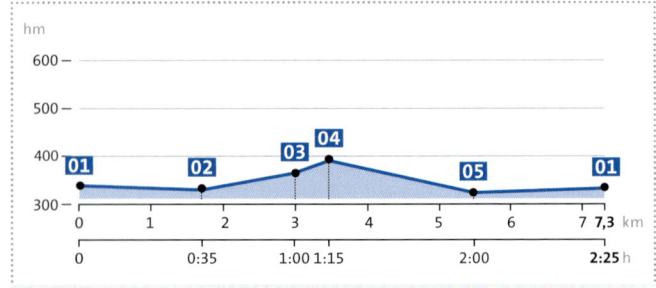

01 Bushaltestelle, 338 m; **02** letztes Haus, 335 m; **03** alte Ruine, 360 m; **04** am Vulkankrater, 394 m; **05** Weinmuseum El Grifo, 325 m

Feigenbaum in Lavaspalte

treffen wir auf einen etwas größeren Sandplatz, wo links ein Schotterweg zur Asphaltstraße abbiegt. Wir gehen aber geradeaus weiter und links vorbei an dem weißen Haus ohne Fenster, um dann auf die Asphaltstraße zu treffen.

Wir legen weitere 350 m zurück und passieren ein **letztes Haus** 02. Von hier aus gehen wir noch 400 m auf der Asphaltstraße, bis wir auf ein Verkehrsschild treffen; hier gehen wir rechts in den Schotterweg. Bei der ersten Weggabelung gehen wir rechts in Richtung einer einzeln stehenden Palme und dem dahinter liegenden Vulkan Montaña de Juan Bello. Wir sehen nun eine zweite kleinere Palme und gehen durch zwei Steinpfosten gerade in das Weinanbaugebiet herein. Nach 300 m erreichen wir eine Weggabelung, an der wir rechts gehen und den linken Abzweiger und den Weg geradeaus ignorieren.

Nach 200 m wird aus dem Vulkanascheweg ein Pfad, der nun leicht links bergauf zu der **alten Ruine** 03 führt. Mit der Ruine im Rücken und dem Blick auf den Vulkan Montaña de Juan Bello gehen

Weinkulturlandschaft von Lanzarote

„Kann denn Weinanbau Kunst sein?" Das New Yorker Museum of Modern Art widmete der Landschaft rund um die Weinanbaugebiete Lanzarotes bereits eine eigene Ausstellung! Und Lanzarote brüstet sich damit, eine der charakteristischsten und spektakulärsten Landschaften weltweit zu haben. Tausende von Weinstöcken, die in bis zu 3 m tiefe Mulden gegraben worden sind, um den darunter liegenden fruchtbaren Boden zu erreichen. Jeder Weinstock wird durch seine eigene Lavasteinmauer geschützt. Wie können die Reben auf dieser trockensten der Kanarischen Inseln mit nur 120 mm Niederschlag im Jahr überhaupt zur Reife kommen? Es wird kein Süßwasser aus Lanzarote zur zusätzlichen Bewässerung verwendet, da der Salzgehalt des Wassers immer noch zu hoch wäre und die Wurzel der Weinrebe eingehen würde. Man pflanzte den Rebstock in eine etwa 20 cm dicke Schicht aus Picón (vulkanisches Lapilli = Vulkanasche). Diese poröse Vulkanasche nimmt die Feuchtigkeit auf, die mit dem Seewind über Nacht kommt, und gibt sie tagsüber an den Untergrund und an die Wurzeln der Weinstöcke ab. Das bedeutet, dass die Wurzel nicht tief in das Erdreich hereinreicht, sondern sich rechts und links in 20–30 cm Tiefe unterhalb des Rebstocks ausbreitet. Und beschäftigt man sich näher mit dieser einzigartigen Weinkulturlandschaft und ihren außergewöhnlichen Weinen, kommt man wirklich zu dem Resultat, dass es Kunst ist, was hier vor sich geht, in einer surrealen und eigentlich unwirtschaftlichen Vegetation.

wir nun weglos in südwestlicher Richtung in einer Mulde leicht bergauf.

Nach 200 m stoßen wir auf mehrere parallel zum Weg verlaufende Lavasteinmauern und sehen dann auch schon den **Vulkankrater** `04`, an dem einige Bäume stehen. Nun rechts an einigen Agaven vorbei verläuft ein Pfad auf dem Vulkangrat mit seinem Markierungsstein. Weiter geht es in nördlicher Richtung auf dem Vulkangrat, bis der Weg wieder anfängt, an Höhe zu gewinnen. Nun nehmen wir den Pfad rechts bergab, gehen im Verlauf links an einem Zaun vorbei und orientieren uns an der hellbraunen Schotterstraße, wo wir den ersten Abzweiger nach rechts liegen lassen und gerade-

aus weiter gehen. Nach 200 m gehen wir auf dem nun größeren Weg weitere 300 m und nehmen hier rechts einen Fußweg, der mit Steinmännchen markiert ist.

Nach 400 m, bei der Weggabelung, führt der linke Weg zum **Weinmuseum El Grifo** `05`. Dieses folgende Teilstück ist der Hinweg und Rückweg zum Museum. Geht man nicht zum Museum, führt der Weg rechts weiter. Hat man das Museum besucht, erreicht man nach 500 m wieder diesen Wegpunkt und geht dann links. Nach 550 m, rund 50 m vor ein paar Feigenbäumen, gehen wir links über einen flachen Sandwall und nun geht es noch ein kurzes Stück in westlicher Richtung bis zum **Ausgangspunkt** `01`.

MONTAÑA NEGRA UND MONTAÑA COLORADA

Vulkanlehrpfad mit beeindruckenden Naturimpressionen

 7,5 km 2:30 h 50 hm 50 hm 241

START | Mit der Buslinie 32 geht es von Arrecife nach Masdache; dann die 1,7 km einfach auf der LZ-30 bis zum Startpunkt vorgehen. Mit dem Pkw sind es von Arrecife auf der LZ-30 15 km zum Startpunkt. Nachdem wir den Ort Masdache passiert haben, treffen wir rechts auf eine kleine Haltebucht mit einer Informationstafel, links erhöht auf einem Hügel liegt ein weißes Haus. Hier parken wir.
GPS-Daten zum Parkplatz [28.990833 -13.670717].

CHARAKTER | Diese Wanderung eignet sich aufgrund ihres moderaten Höhenunterschieds gut für einen kurzen Wanderausflug. An einigen Wegpunkten ist der Orientierungssinn gefordert.

Es erwartet uns eine sehr spannende Wanderung um zwei Vulkane sehr unterschiedlichen Alters. So ist die Montaña Negra, an deren Fuß wir zuerst gehen, weitaus älter als die Montaña Colorada, die bei den Ausbrüchen von 1730–1736 entstanden. Die Krater sind kaum mehr als 1 km voneinander entfernt. Auch die Form und das Aussehen geben keine Hinweise auf den signifikanten Altersunterschied. Das liegt daran, dass die Montaña Negra mit einer di-

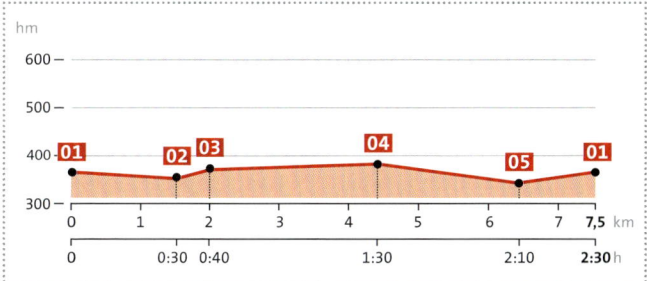

01 Parkplatz, 362 m; 02 Abzweiger zur Montaña Colorada, 351 m; 03 Vulkanbombe, 365 m; 04 Abzweiger Montaña Negra, 370 m; 05 Abzweiger Indianer, 341 m

Geknickte Palme

cken Schicht Vulkanasche (Lapilli) überzogen ist. Bei der Umrundung der Montaña Colorada gehen wir auf dem vulkanischen Lehrpfad Sendero de Montaña Colorada mit 15 Informationstafeln zum Vulkanismus und treffen auf eine vulkanische Bombe besonderen Ausmaßes.

▶ Vom **Parkplatz** 01 gehen wir 100 m – bitte den Weg nach 70 m rechts ignorieren – auf der LZ-30 in Richtung La Geria, um dann rechts in den Schotterweg dem Wegweiser Richtung Mancha Blanca zu folgen. Wir gehen nun direkt auf den schwarzen Vulkan Montaña Negra zu, bis wir an seinem Fuße sind. Dort folgen wir dem Schotterweg unter einer schräg stehenden Palme hindurch, bis wir auf einen Pfad gelangen, wo links kleine Büsche und teils Bäume stehen. An dieser Stelle ein Hinweis zum Naturschutz! Bitte bleiben Sie auf vorgegebenen oder bereits eingetretenen Wegen. Geht man abseits der Wege und hinterlässt dort einen Fußabdruck, so werden an dieser Stelle ca. drei Jahre Evo-

lution zerstört. Es befinden sich viele kleine Gräser im Untergrund, die der Belastung eines Fußtritts nicht standhalten.

Nach weiteren 70 m treffen wir auf den **Abzweiger zur Montaña Colorado** 02 und biegen hier halb rechts auf einen Pfad, der mit Steinmännchen markiert ist. Kurz darauf folgt noch ein weiteres Steinmännchen.

Der 550 m lange Pfad ist nicht immer einfach zu erkennen und schon bald kann man als Orientierungshilfe einen nicht zu übersehenden großen Stein nehmen, etwas rechts unterhalb der rot strahlenden Montaña Colorado, die **vulkanische Bombe** 03. Von nun an gehen wir auf dem vulkanischen Lehrpfad und folgen den Informationstafeln 6–15 und 1–3 der Inselregierung. Hinter der Informationstafel Nummer 15 befindet sich eine weitere Parkmöglichkeit (N29 00.264 W13 40.953), wenn man nur den vulkanischen Lehrpfad begehen möchte.

Bei der Informationstafel mit dem Thema Pyroklastite gehen wir rechts durch die Steinmau-

Vulkanische Bombe

Die meisten Vulkane auf Lanzarote entstanden durch Strombolianische Eruptionen. Der Begriff Strombolianische Ausbrüche wurde durch die Tätigkeit des Vulkans Stromboli in Italien hergeleitet. Sie sind durch den Auswurf von Schmelzprodukten, so genannten Pyroklastiten, und durch Lavaströme charakterisiert. Dabei definiert man Lavastücke mit einem Durchmesser von 2–64 mm als Lapilli. Vulkanische Bomben haben per Definition einen Durchmesser größer als 64 mm. Am Montaña Colorado liegt so ein Prachtexemplar von Vulkanbombe. Die Bomben entstehen bei extrem hohem Druck auf die Gesteinsmassen im Vulkan, bis sie dann aus dem Schlote herauskatapultiert und willkürlich in der Landschaft verteilt werden. Aufgrund der Rotation während der Flugphase entsteht die abgerundete Form. Die Gesteinsbrocken können bis zu 7 m groß werden und werden bis zu 50 t schwer.

er hindurch, ignorieren weitere Abzweiger auf diesem breiten Schotterweg weiter Richtung Westseite **Montaña Negra** 04. Bei einer Weggablung, 100 m vor der Asphaltstraße, gehen wir nicht zu dieser vor, sondern halten uns links, um nach 600 m eine kleine Ruine am Vulkan zu passieren. Bei einer einzeln stehenden Palme und einer gelben Markierung auf einem Holzpfeiler zweigen wir rechts ab, um auf einem kleinen Pfad einen Lavastrom zu queren. Bei diesem **Abzweiger** 05 erreichen wir eine interessant aufgestellte Lavaplatte, die wie ein Indianer aussieht. Der Pfad schlängelt sich bis zur Straße, wo wir links zum **Ausgangspunkt** 01 gehen.

MONTAÑA DEL SEÑALO • 507 m

Auf den Spuren der Vulkanausbrüche von 1730–1736

 5,5 km 2:00 h 210 hm 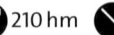210 hm 241

START | Mit dem Pkw sind es von Arrecife auf der LZ-301, LZ-30 und LZ-56 27 km bis zum Startpunkt. Auf der LZ-56, 300 m vor dem Ort Mancha Blanca – links stehen niedrig gewachsene Palmen – biegt links ein Schotterweg ab. Der Weg führt 1,6 km quer durch einen Lavastrom, bis wir bei einer Weggabelung rechts in die zunehmend schlechter werdende Schotterstraße biegen. Nach 800 m gibt es rechts eine kleine Parkbucht, die aber schnell belegt sein kann. GPS-Daten zum Parkplatz [29.011783 -13.69855].
CHARAKTER | Steiler und rutschiger Aufstieg zum Gipfel. Die Orientierung ist schwer in der Vulkanlandschaft.

Eine Wanderung in absoluter Abgeschiedenheit an der Grenze zum Timanfaya-Nationalpark. Man hat den Eindruck, dass die Vulkane erst vor Kurzem ausgebrochen sind.
Durch eine mystische und geradezu spirituelle Mondlandschaft erlebt man eine der beeindruckendsten Wanderungen auf Lanzarote.

▶ Vom **Parkplatz 01** gehen wir in südlicher Richtung bei der Weggablung rechts herunter, parallel zum Lavastrom. An dieser Stelle ein Hinweis zum Schutz der Natur! Bitte gehen Sie nur auf angelegten oder bereits eingetretenen Wegen. Gehen Sie auf gar keinen Fall abseits der Wege. Das dient auch Ihrer Sicherheit, da das Lavagestein messerscharfe Kanten

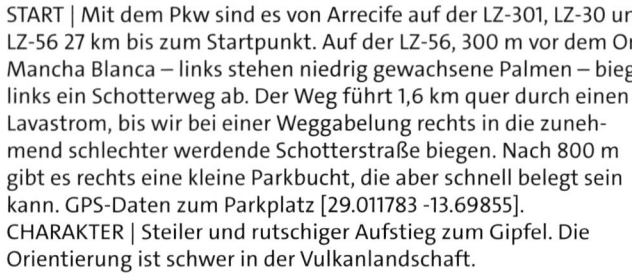

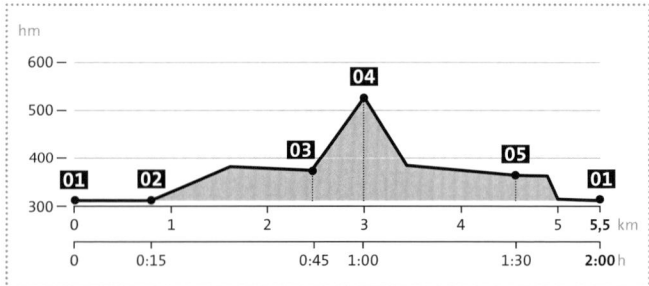

01 Parkplatz, 316 m; **02** rechts Caldera de la Rilla, 315 m;
03 Schlüsselstelle zum Aufstieg, 371 m; **04** Montaña del Señalo, 507 m;
05 biegen links ab, 358 m

Parkplatz

hat. Ein Fußabdruck außerhalb der Wege zerstört drei Jahre Evolution. Der Gipfel befindet sich genau auf der Grenze zum Timanfaya-Nationalpark. Entscheiden Sie sich, den Gipfelgrat weiter-

zugehen, kann dieses Verhalten rechtliche Konsequenzen haben. Nach 700 m in einer kleinen Mulde gehen wir rechts bergauf am Fuße der **Caldera de la Rilla 02** entlang. Immer wieder ergeben sich beein-

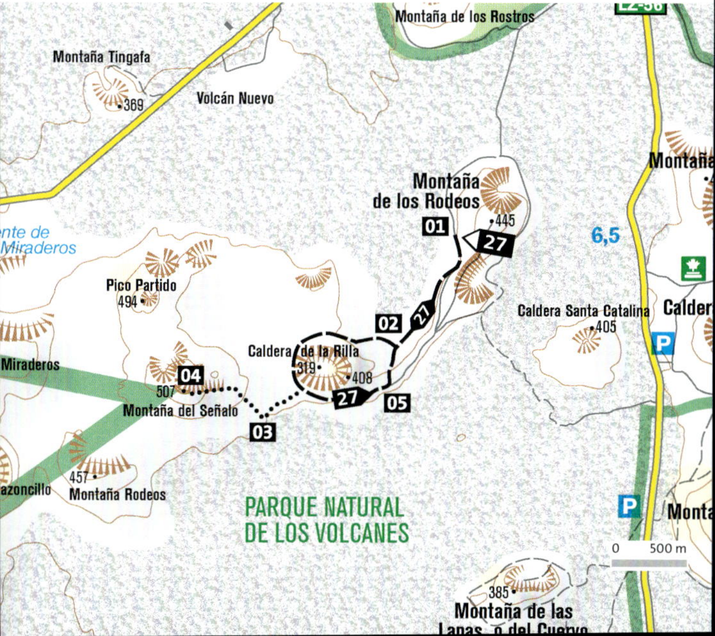

Caldera de la Rilla

druckende Blicke auf die Montaña del Señalo und man fragt sich, ob es hier überhaupt einen Weg zur Vulkanspitze gibt. Wir haben die Caldera de la Rilla bereits 180° umgangen, da gibt es die Möglichkeit, links auf den Kraterrand aufzusteigen. Im Vulkangrund haben sich Gesteinsformationen gebildet, die wie ein liegender Fisch aussehen. Wieder zurück auf dem Hauptweg gehen wir nach 200 m auf einem Pfad rechts quer durch das Lavafeld.

Nach 400 m treffen wir auf ein paar kleine Lavatunnel am Wegesrand sowie eine größere Sandfläche. An dieser **Schlüsselstelle 03** befindet sich der Einstieg zum Aufstieg. Auf feinen schwarzbraunen Lavasteinen führt nun rechts ein schmaler Pfad bergauf. In nordwestlicher Richtung gehen wir 300 m, bis wir den Kraterrand erreichen. Auf 150 Höhenmetern

folgt der technisch schwierige Aufstieg zum Gipfel. Immer am Kraterrand und dann in einer Erosionsrinne mit rotem Gestein lässt es sich am besten gehen.

Es ist geschafft und wir stehen auf dem **Montaña del Señalo 04** (507 m) mit einem atemberaubenden Blick bis tief in das Timanfaya-Gebirge herein. Wir gehen bis zur **Schlüsselstelle 03** auf dem gleichen Weg zurück und weiter bis zur Weggabelung, um dort rechts um den südlichen Teil am Fuße der Caldera de la Rilla zu gehen.

Die Caldera de la Rilla haben wir bereits hinter uns gelassen und auf einer Anhöhe kurz vor einem beginnenden Fahrweg biegen wir nun **links 05** ab und gehen herunter in die Mulde. Hier treffen wir auf den Hinweg, der uns rechts zum **Ausgangspunkt 01** zurückführt.

Wanderung über das verschüttete Dorf Santa Catalina

 10 km 3:20 h 60 hm 60 hm 241

START | Mit der Buslinie 16 geht es von Arrecife nach Mancha Blanca. In südlicher Richtung auf der LZ-56 erreicht man nach 1,2 km den Startpunkt. Mit dem Pkw sind es von Arrecife auf der LZ-301, LZ-30 und LZ-56 20 km bis zum Startpunkt. Auf der LZ-56, 300 m vor dem Ort Mancha Blanca, stehen auf der linken Seite der Straße niedrig gewachsene Palmen, bei denen man sehr gut parken kann.
GPS-Daten zum Parkplatz [29.030433 -13.685833].
CHARAKTER | Einfache Wanderung auf guten Wegen. Die Orientierung ist nicht immer einfach.

Keine Frage, diese Insel ist vulkanischen Ursprungs. Und sehr beeindruckend kann man es auf dieser klassischen Runde durch die Lavaströme erleben. Vorbei geht es an den Vulkanen, die 1730–1736 sowie auch 1824 aktiv waren.

▶ Vom **Parkplatz** 01 queren wir die LZ-56 in südlicher Richtung und biegen halb links bei einer hohen Grundstücksmauer auf den Schotterweg, der nun direkt durch die Malpais (darunter versteht man so zerklüftete Oberflächen, dass diese nicht landwirtschaftlich nutzbar sind) La Quemada auf den Vulkan Montaña Ortiz führt. Nach 1,8 km auf diesem Schotterweg erreichen wir die nördlichen Ausläufer der Montaña Ortiz und lassen einen Abzweiger nach rechts liegen. Wir erreichen nach 100 m eine **kleine Höhle** 02, die

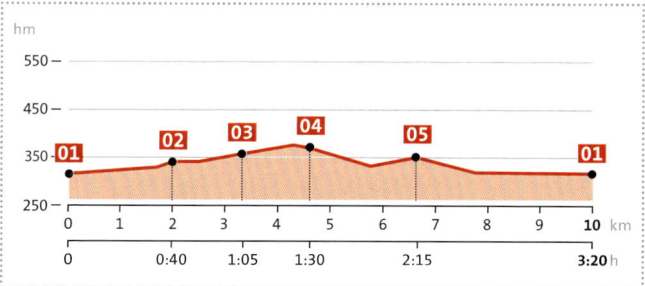

01 Parkplatz, 313 m; 02 kleine Höhle, 335 m; 03 vulkanischer Lehrpfad, 354 m; 04 vulkanischen Lehrpfad verlassen, 368 m; 05 Schotterweg, 349 m

Blick auf den Montaña Ortiz

leider sehr verschmutzt ist. Nach weiteren 50 m zweigt rechts ein Pfad in eine Mulde in dem vor uns liegenden Vulkan ab, um bereits nach 100 m rechts aus dieser Mulde herauszusteigen und dann einem Pfad, der kurz später zum Schotterweg wird, zu folgen. An dieser Stelle ist der Weg nicht eindeutig zu erkennen. Wir gehen nun direkt auf die Montaña Colorada zu.

Nach 1,1 km treffen wir auf den **vulkanischen Lehrpfad** `03`, dem wir nun links herum folgen. Informationstafeln der Inselregierung geben zusätzliche Informationen über den Vulkanismus. Schon kurz später sehen wir am linken Wegesrand eine vulkanische Bombe gigantischen Ausmaßes. Weitere Informationen findet man in der Wanderung 26 Montaña Negra und Montaña Colorada.

Steht man vor der Informationstafel und schaut Richtung Osten, sieht man sehr schön den Ort Teguise sowie die Burganlage auf dem Vulkan Guanapay. Weiter rechts von uns liegt die Montaña,

die man sehr schön an den vielen kleinen Sendemasten ausmachen kann (siehe Tour 24, Montaña Blanca, 595 m).

Hinter der **Informationstafel** `03` mit Erläuterungen zur Montaña Negra **verlassen** wir den **vulkanischen Lehrpfad** `04` weglos nach Westen Richtung LZ-56. Diese queren wir und folgen nun dem beginnenden Schotterweg. Wir gehen 700 m auf der Schotterpiste, bis der Weg in einer Rechtskurve auf eine Anhöhe führt. Den rechten Abzweiger zur Caldera Santa Catalina lassen wir liegen.

Nach weiteren 200 m gehen wir an der Gabelung rechts nun direkt auf die Montaña de los Rodeos zu. Auf diesem Pfad, vereinzelt gekennzeichnet durch Steinmännchen, weiter über Lavaplatten, treffen wir nach 600 m auf einen **Schotterweg** `05`, dem wir rechts folgen. Am Ostrand des Vulkans gehen wir nun bis zu seinen nördlichsten Punkt, wo wir bei der Weggabelung rechts gehen. Dieser Schotterweg führt uns zum **Ausgangspunkt** `01` .

Santa Catalina

Der spanische Priester Don Andres Lorenzo Curbelo schrieb in seinen Aufzeichnungen der Geschehnisse: „Am 7. September stieg unter donnerähnlichem Lärm ein beachtlicher Fels aus der Tiefe der Erde und durch seinen Druck zwang er die Lava, die sich zuerst nach Norden bewegt hatte, ihre Richtung zu ändern und nach Nordwest und Westnordwest zu fließen. Die Lavamasse erreichte die im Tal gelegenen Orte Mareta und Santa Catalina und verheerte sie in einem Augenblick."

Der Vulkan Caldera Santa Catalina wurde als Erinnerung an die Geschehnisse nach dem Dorf Santa Catalina benannt. Im Verlauf der Vulkanausbrüche von 1930–1936 wurden weitere zehn Dörfer vernichtet. Es ist wie ein Wunder, dass bei all diesen Vulkanausbrüchen keine einzige Person zu Tode kam. Die Einwohner wurden umgesiedelt und gründeten zum Teil neue Dörfer. Auf alten Karten von Lanzarote findet man noch häufig hinter dem Ortsnamen in Klammern den Zusatz „Santa Catalina". Damit möchten die Einwohner ihren Ursprung kenntlich machen.

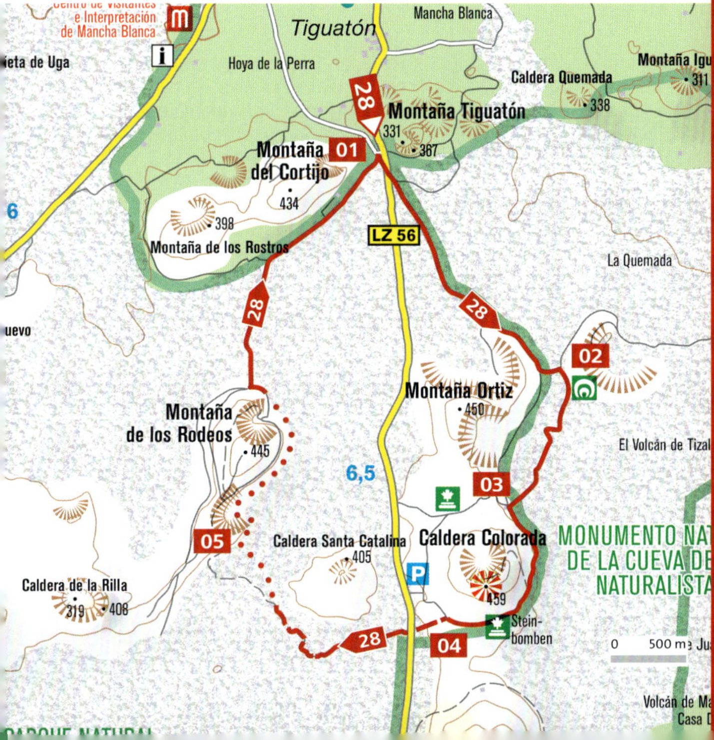

DER LA-QUEMADA-LAVASTROM

Um die Vulkane bei der Wallfahrtskirche Nuestro Señora de los Dolores

 9,6 km 3:10 h 80 hm 80 hm 241

START | Mit der Buslinie 16 geht es von Arrecife nach Mancha Blanca. In südlicher Richtung auf der LZ-56 erreicht man zu Fuß nach 1,2 km den Startpunkt. Mit dem Pkw sind es von Arrecife auf der LZ-301, LZ-30 und LZ-56 20 km bis zum Startpunkt. Auf der LZ-56, 300 m vor dem Ort Mancha Blanca, stehen auf der linken Seite der Straße niedrig gewachsene Palmen, bei denen man sehr gut parken kann.
GPS-Daten zum Parkplatz [29.030433 -13.685833].
CHARAKTER | Einfache Wanderung über einen Lavastrom und durch die umliegenden Weinanbaugebiete. Die Orientierung bei der Querung des Lavastroms ist etwas fordernd.

Bei den Vulkanausbrüchen der Neuzeit bahnte sich ein Lavastrom aus südlicher Richtung kommend, zwischen den Vulkanen Caldera Quemada und Montaña Tiguation hindurch, seinen Weg Richtung Mancha Blanca. Die Bevölkerung trat unter Zuhilfenahme der Heiligenstatue Virgin de los Dolores (Jungfrau der Schmerzen) in einer Prozession dem fließenden Lavastrom entgegen. Und der Lavafluss blieb doch tatsächlich vor dem Dorf stehen. Zum Dank bauten die Einwohner der Madonnenfigur ein eigenes Gotteshaus, die Wallfahrtskirche Nuestro Señora de los Dolores in Mancha Blanca. Wir wandern über und an diesem Lavastrom und können bestau-

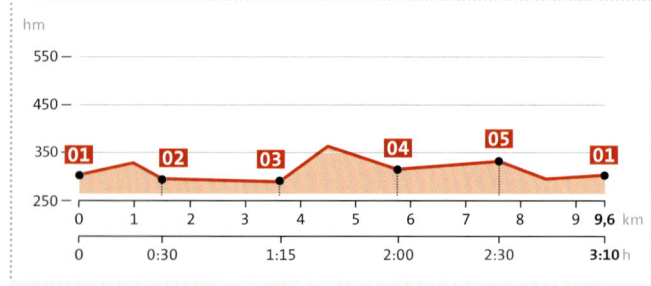

01 Parkplatz, 300 m; **02** Lavastrom, 293 m; **03** rechts bei der Palmenallee, 290 m; **04** Finca Tisalaya, 313 m; **05** rechts Richtung Mancha Blanca, 330 m

Wallfahrtskirche

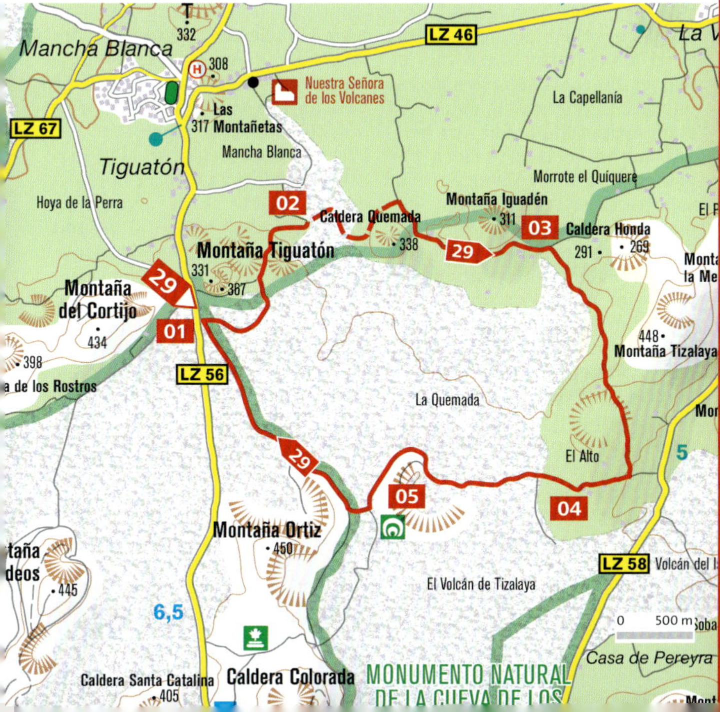

LZ 46

Mancha Blanca
332

308
Nuestra Señora
de los Volcanes

La Capellanía

LZ 67

Las
317 Montañetas

Tiguatón

Mancha Blanca

Morrote el Quiquere

El P

Hoya de la Perra

Montaña Iguadén
· 311

Caldera Quemada

02

· 338

03

Caldera Honda

291 · · 269

29

Montaña Tiguatón
331

· 367

29

Montaña
del Cortijo

434

Monta
la Me

448 ·
Montaña Tizalaya

· 398

Mor

a de los Rostros

01

LZ 56

La Quemada

El Alto

29

04

05

5

Montaña Ortiz
· 450

LZ 58 Volcán del l

ña
deos

· 445

El Volcán de Tizalaya

6,5

0   500 m
oba

Casa de Pereyra

Caldera Santa Catalina
· 405

Caldera Colorada

MONUMENTO NATURAL
DE LA CUEVA DE LOS

Blick auf den Montaña Ortiz

nen, wie die Bauern Weinanbau betreiben, indem sie tiefe Gruben anlegten, um den fruchtbaren Boden zu erreichen.

▶ Vom **Parkplatz** `01` gehen wir einige Meter die LZ-56 in südlicher Richtung bis zum Stoppschild vor und hier gehen wir scharf links parallel an der hohen Mauer entlang. Den Weg halb rechts lassen wir liegen. Nach einer Linkskehre führt die Schotterstraße nun direkt in die Einsattelung von zwei Vulkanen. Wir sehen einen gut erkennbaren Pfad, dem wir bergauf folgen. Bereits wieder bergab gehend treffen, wir auf eine Schotterstraße und gehen hier rechts durch eine Ruine durch.

Der nun folgende Teil durch den **Lavastrom** `02` fordert etwas Geschick im Wegelesen über die Lavaplatten. Nach 120 m kommt von links ein Pfad dazu und wir gehen rechts weiter. Bei einer weiteren Verzweigung führt der Weg rechts über einen 2 m breiten Steinwall, direkt auf eine einzeln stehende Palme zu. Wir verlassen nun den Lavastrom und gehen an dieser Stelle links auf den Pfad und treffen nach einer Rechtskurve auf eine Schotterstraße, die wir nach rechts begehen. Nach weiteren 150 m treffen wir auf eine Weggabelung, wo wir rechts gehen.

Nach 250 m, wir sind jetzt mittig zwischen zwei Vulkanen, lassen wir den Weg geradeaus liegen und folgen jenem links leicht bergauf. Der Weg führt links vorbei an einem Weingut und nach 180 m bei einer Weggabelung folgen wir der rechten der beiden **Palmenalleen** `03`, sie ist das erste Stück mit einem Zaun eingefasst. Der Weg geht nun steil bergauf, vorbei an neu kultivierten Weinreben. Am höchsten Punkt bei einer Ruine ergeben sich tolle Blicke auf die umliegenden Vulkane bis tief in das Timanfaya-Gebirge.

Nach dem Abstieg quert eine Straße und wir gehen rechts bei der grünen Pforte an der **Finca Tisalaya** `04` vorbei. Nach 300 m führt der Weg wieder über den Lavastrom, wir lassen zwei Abzweiger nach links liegen und bleiben auf dem Hauptweg. Links des Weges stehen Prachtexemplare von Feigenbäumen. In einer großen Linkskehre geht es um den Vulkan herum. Tolle Exemplare windgeformter Bäume stehen links am Hang. Vor einer Mulde macht der Weg eine scharfe Rechtskurve und führt an einer verschmutzten Höhle vorbei.

An der nächsten Weggabelung und dem Wegweiser gehen wir **rechts Richtung Mancha Blanca** `05` zum **Ausgangspunkt** `01` zurück.

RUNDE UM DIE CALDERA BLANCA

Vulkankraterrand-Begehung der besonderen Art

  9,1 km 3:45 h 350 hm 350 hm 241

START | Über die Landstraßen LZ-20 und LZ-46 erreicht man mit dem Auto von Arrecife aus nach 21 km den Startpunkt. Je nach Route durchfährt man die Ortschaften San Bartolomé, Mozaga und Mancha Blanca. Nach Überquerung der LZ-67 führt eine Stichstraße zum Parkplatz westlich des Ortes Mancha Blanca, wo die Wanderung beginnt.
Zur Google-Navigation Start/Ziel: [29.043633 -13.701567].
CHARAKTER | Der Weg am Kraterrand erfordert Trittsicherheit und Schwindelfreiheit. Durchwegs einfache Orientierung.

Diese Tour in der Nähe des Nationalparks Timanfaya ist eine der eindrucksvollsten auf Lanzarote! Die Caldera Blanca – ein sehr alter Vulkan, der bei den letzten Vulkanausbrüchen auf Lanzarote nicht mehr aktiv war – gehört mit 458 m über dem Meeresspiegel zwar nicht zu den höchsten Vulkanen der Insel, kann aber mit einem 300 m tiefen Krater und einem beachtlichen Durchmesser von 1 km aufwarten. Umgeben von einem schwarzen Lavameer, das durch vulkanische Aktivität zwischen 1730 und 1736 entstand, steht der Vulkan – durch Luft- und Wassererosion hellbraun gefärbt – wie eine Insel im Meer! Im Frühling auf Lanzarote wird der Farbkontrast zwischen den schwarzen Vulkanen der Neuzeit und den hellbraunen alten Vulkanen durch die vereinzelten grünen Farbtupfer der Wolfsmilchgewächse noch verstärkt! Vom Gipfel der Caldera

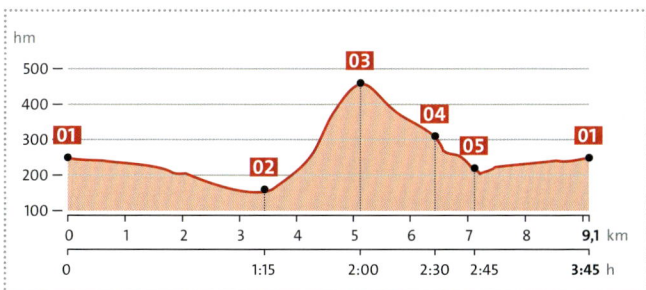

01 Parkplatz, 99 m; **02** Aufstieg, 158 m; **03** Caldera Blanca, 458 m;
04 Abstieg, 310 m; **05** Montaña Caldereta, 216 m

Blanca hat man einen atemberaubenden Blick bis weit in die Timanfaya-Berge.

▶️ Am **Parkplatz** `01` Rando Caldera Blanca (249 m) beginnt die Tour in westlicher Richtung auf dem sogenannten »Camino del Islote« durch eine faszinierende Vulkanlandschaft. Zahlreiche Informationstafeln bereichern die Wanderung. Wir passieren den linken Abzweig (unser Rückweg) zur Montaña Caldereta und auch den riesigen Vulkankegel der Caldera Blanca.

Nach ca. 3,4 km verlassen wir den breiten Weg nach links und beginnen mit den `02` **Aufstieg** (153 m) auf dem weithin sichtbaren Pfad zum Krater. Durch die Nordflanke des Vulkans erreichen wir bereits nach 600 m den Kraterrand, wo sich spektakuläre Blicke in den Vulkanschlot bieten.

Von hier aus beginnen wir die Rundwanderung um den Krater gegen den Uhrzeigersinn. Schnell gewinnen wir an Höhe, bis wir zunächst den Kraterrand und schließlich den Gipfel der `03` **Caldera Blanca** (460 m) erreichen. Vom Gipfel hat man einen grandiosen Blick auf die Lavaströme, die sich bis zur Nordküste der Insel

Lanzarote erstrecken. Im Osten erkennt man die Ortschaft Mancha Blanca, in der Ferne das Massiv des Risco de Famara und im Süden und Westen die zahlreichen Vulkankegel des Nationalparks-Timanfaya.

Wir wandern gegen den Uhrzeigersinn ca. 1,3 km am Kraterrand entlang, bis wir auf gleicher Höhe mit der rechts unterhalb liegenden Montaña Calderata sind. Hier führt rechts ein Pfad zum `04` **Abstieg** (310 m) durch die Ostflanke des Vulkans hinunter zum schwarzen Lavastrom. Am Fuße der Caldera Blanca gehen wir zunächst noch 50 m nach rechts, um dann links einen Pfad durch den Lavastrom zu nehmen. An dieser Stelle haben sich die Lavaströme der letzten Eruptionen einen Abfluss zum Meer geschaffen, der entlang der alten Vulkane Caldera Blanco und Montaña Caldereta verläuft.

Wieder auf dem hellbraunen Vulkangestein angelangt, gehen wir links am Fuße der `05` **Montaña Caldereta** (217 m) entlang, bis eine Öffnung im Vulkan den Blick ins Innere freigibt. Von hier aus gehen wir 90 m nach Norden bis zur Schotterstraße. Rechts geht es auf dem bekannten Hinweg zurück zum Ausgangspunkt.

Blick auf die Caldera Blanca

Blick von der Nordflanke der Caldera Blanca

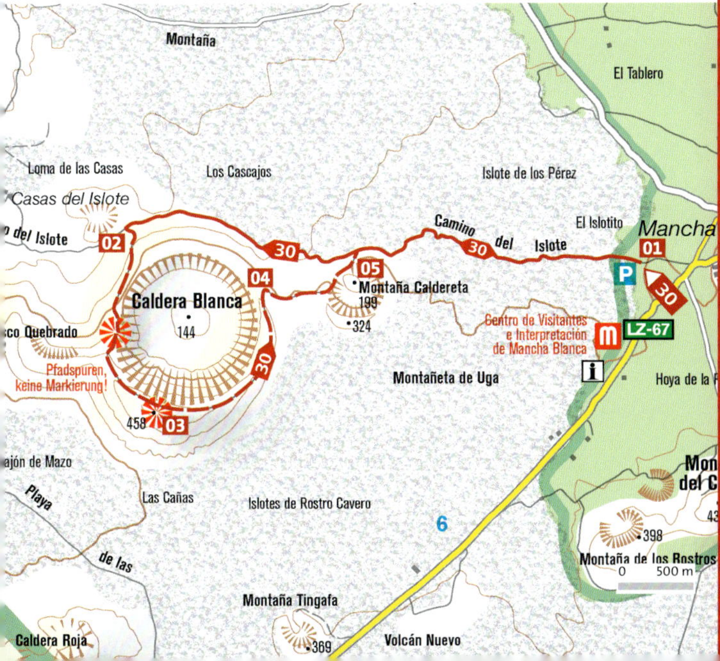

Montaña

El Tablero

Loma de las Casas

Los Cascajos

Islote de los Pérez

Casas del Islote

El Islotito

Mancha

Camino del Islote

del Islote

02

30

05

30

Islote

01

30

04

Montaña Caldereta

199

P

sco Quebrado

Caldera Blanca

144

324

Centro de Visitantes
e Interpretación
de Mancha Blanca

M LZ-67

Pfadspuren,
keine Markierung!

i

Hoya de la P

458

30

03

Montañeta de Uga

ajón de Mazo

Las Cañas

Islotes de Rostro Cavero

Mon
del C

Playa

6

398

43

de las

Montaña de los Rostros

0   500 m

Caldera Roja

Montaña Tingafa

369

Volcán Nuevo

SONNTAGSTOUR – TEGUISE MARKT ZUR COSTA TEGUISE

Entspannungstour für den gestressten Mann

 14 km 4:40 h 85 hm 380 hm 241

START | Mit der Buslinie 07, 09, 10, 14, 26, 52 und 53 geht es von Arrecife nach Teguise. Mit dem Pkw ist es von Arrecife auf der LZ-1 und LZ-10 12 km nach Teguise. Im Kreisverkehr von Teguise die dritte Ausfahrt in die Calle Gran Canaria, dann gleich links in die Calle Guatatiboa und gegenüber der Gemeindeverwaltung von Teguise parken. GPS-Daten zum Parkplatz [29.05765 -13.561167].

CHARAKTER | Lange und anstrengende Wanderung, die auch hier und dort den Orientierungssinn fordert.

01 Bushaltestelle, 303 m; **02** bei Santa Barbara, 400 m; **03** Teseguite, 245 m; **04** am Monte Corona, 71 m; **05** Bushaltestelle Costa Teguise, 8 m

▶ Von der **Bushaltestelle** **01** und dem Parkplatz gehen wir auf der Calle Santo Domingo bis zur Hauptstraße Calle Josè Betancort vor. Nach 100 m, am Restaurant Cantina, gehen wir links in die Fußgängerzone, über die Plaza de la Constitution und weiter links an

Iglesia de Nuestra Señora de Guadalupe in Teguise

ta, die erste Straße rechts in die Calle Pardellera; dann die erste Straße links in die mit 30 km/h ausgezeichnete Calle Gurao und schlussendlich die erste Straße rechts in die Calle Terrero. Schon kurz später sind wir auf einem Schotterweg und nach 700 m, auf der Ecke von einem Feld, folgen wir links dem Hauptweg. Auf einer Anhöhe wird die Schotterstraße zu einem schwarzen Lavasteinweg.

Nach einigen Metern trifft man auf das Schild „important birds area" und folgt dieser Schotterstraße nun 1 km, bis man eine Kreuzung quert. Aus dieser Perspektive sieht man sehr gut den weiteren südöstlichen Verlauf der weiteren Strecke. Im Abstand von 300 m passieren wir ein Haus auf der linken sowie auf der rechten Seite. Wir befinden uns jetzt auf einer Anhöhe und rechts von uns liegt der Vulkan **Monte Corona** `04`.

Es geht bergab und in dieser Senke folgen wir dem rechten Weg durch ein Barranco hindurch. Nach einem Wegstück mit hellem Sandboden und der folgenden Weggabelung führt links ein Schotterweg bergauf, aber wir gehen rechts auf dem Pfad bis zum Hotel Beatriz, das man schon aus der Ferne sieht. Richtung Süden gehen wir die 300 m bis zur Verkehrsinsel vor, um dort rechts abzubiegen, und am Ende der Verkehrsinsel gleich links in den Grünstreifen zwischen den Häusern zu gelangen. Wir befinden uns jetzt auf dem angelegten Wanderweg, queren die Avenida Las Palmera und gehen rechts bei der Avenida Islas Canarias bis zum Einkaufszentrum und der Bushaltestelle an der **Costa Teguise** `05` vor.

der Iglesia de Nuestra Señora de Guadalupe vorbei. An dem vor uns liegenden großen Platz gehen wir rechts an weiteren Parkplätzen vorbei, um dann beim Kreisverkehr rechts auf der Asphaltstraße bergauf zu gehen.

Unterhalb der **Festungsanlage Santa Barbara** `02`, bei dem Wegweiser „Gunapaya 396 m", biegen wir rechts auf die beiden Schotterwege, um dann links Richtung Teseguite zu gehen. Nach 450 m macht die Schotterstraße eine 90°-Kehre und bei der nächsten Abzweigung folgen wir dem linken Weg.

Der Weg schlängelt sich Richtung **Teseguite** `03`. Wir erreichen die ersten Häuser und gehen die Asphaltstraße 320 m vor, um rechts abzubiegen. Nun geht es im Zickzack durch den Ort. Die zweite Straße links in die Calle Revuel-

MONTAÑA DE TENEZA • 368 m – BARRANCO-EXKURSION

Der Name ist Programm

 4,7 km 1:50 h 250 hm 250 hm 241

START | Mit der Buslinie 16, 52 und 53 geht es von Arrecife nach Tinajo. Zum Start müsste man noch 4 km einfach laufen. Mit dem Pkw sind es von Arrecife auf der LZ-20 22 km nach Tinajo. An der großen Norfolktanne in Tinajo biegt man rechts in die Calle Laguneta und fährt auf dieser 3,3 km. Bereits nach der Montaña de Teneza wird auf der rechten Seite eine Straße durch eine Schranke versperrt. Hier parken wir am Straßenrand. GPS-Daten zum Parkplatz [29.061717 -13.710600].
CHARAKTER | Komplett wegloser Aufstieg durch ein rutschiges und steiles Barranco. Als Variante kann man die Tour umgekehrt nur bis zum Gipfel gehen.

Durchschreitungen von Barrancos erzeugen meistens eine Spannung des Ungewissen. Geht man sie das erste Mal, weiß man noch nicht, ob nicht ein unüberwindbarer Wasserfall kommt. Das wird auf der heutigen Tour nicht passieren. Aufgrund des weichen Gesteins sowie des abfließenden Regen-wassers ist der Vulkan ständiger Erosion ausgesetzt. Das hat dazu geführt, dass sich der Trockenfluss tief in den Vulkan gefräst und so spektakuläre Gesteinsformatio-nen hervorgebracht hat.

▶ Gleich hinter dem **Parkplatz 01** passieren wir die Schranke und

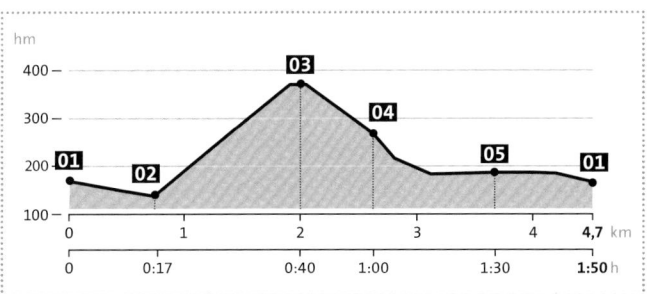

01 Parkplatz, 176 m; **02** Einstieg, 126 m; **03** Montaña de Teneza, 368 m; **04** Abstieg, 305 m; **05** Asphaltstraße, 213 m

Montaña de Teneza von Westen

gehen auf einem angelegten Schotterweg Richtung Meer. Nach 700 m verlassen wir den Weg und gehen rechts in dem trockenen Flussbett in östlicher Richtung auf die Montaña de Teneza zu.

Schon bald haben wir den **Einstieg 02** erreicht und nehmen bei der ersten Barranco-Gabelung den rechten Arm. Es geht durch einige Gumpen, gefolgt von kleinen Kletterpassagen. Der Weg ist rutschig, nicht weil es nass ist, sondern wegen der kleinen Lavasteine und anderer bröseliger Steine. Weiterhin ist der Aufstieg steil und immer wieder müssen Gumpen umstiegen werden. Die Orientierung ist ziemlich eindeutig, immer dem Trockenflusslauf nach bergauf. Wir kommen an bizarren Steinformationen vorbei und teilweise fräst sich der Trockenfluss bis zu 5 m in den Berg.

Im oberen Teil der Begehung teilt sich der Barranco abermals. Hier gehen wir zunächst rechts, weil der Weg einfacher ist, aber nach einigen Metern gehen wir hinüber zu dem linken Barranco, und hier ergeben sich jetzt gigantische Impressionen, die besonders in der Abendsonne zur Geltung kommen. Nach 500 m Entfernung ist das Feuerspiel der Farben beendet, wir tauchen aus dem Barranco und werden vom stark wehenden Nordost-Passat erfasst. Wir gehen die restlichen Meter zum Gipfel der **Montaña de Teneza 03** (368 m).

Schaut man Richtung Süden, kann man sehr schön erkennen, wie weit die Lava bei den Ausbrüchen 1730–1736 vorangekommen ist. Wie mit einem Lineal gezogen trennt eine imaginäre Linie die kultivierten Flächen vom Lavastrom. In südwestlicher Richtung thront der Krater Caldera Blanca.

Gemächlich geht es nun in nordöstlicher Richtung auf einem kleinen Pfad zum **Abstieg 04**.

Einstieg in das Barranco

Nach 550 m folgen wir rechts dem beginnenden Pfad über einen weiteren kleinen Vulkan, hinunter auf die Schotterstraße, die bereits rechts unten gut zu sehen ist.

Auf diesem Weg gehen wir nun am Fuße der Montaña de Teneza bis zur **Asphaltstraße 05** vor, um dort rechts die restlichen Meter zum Auto zurückzulegen.

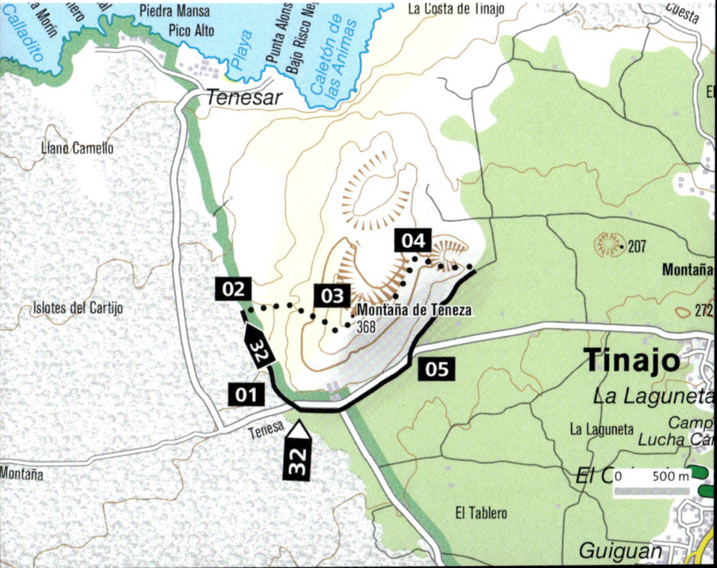

VON TINAJO NACH TENESAR UND RETOUR

Runde durch den „Wilden Westen" Lanzarotes

 13,7 km 4:30 h 310 hm 310 hm 241

START | Mit der Buslinie 16, 52 und 53 geht es von Arrecife nach Tinajo. Mit dem Pkw sind es von Arrecife auf der LZ-20 19 km nach Tinajo. An der Hauptstraße hinter der Bushaltestelle gibt es viele Parkplätze.
GPS-Daten zum Parkplatz [29.062833 -13.678933].
CHARAKTER | Lange Runde auf durchwegs einfachen Wegen. Nur an einer Schlüsselstelle ist der Orientierungssinn etwas gefordert.

Von Tinajo besteigen wir den Hausberg, um einen ersten Überblick der Region zu bekommen. Über einen Schotterweg, vorbei an zahlreichen kultivierten Flächen, erreichen wir einen versteckten Küstenpfad, um in das Piratendorf Tenesar abzusteigen. Das Landschaftsbild hat sich hier dramatisch geändert. Der weitere Weg führt nun parallel zu einem Lavastrom zu einer Steinwüste unterhalb der Montaña de Teneza, bevor

es auf sehr gering befahrenen Asphaltstraßen Richtung Startpunkt geht.

▶ Vom **Parkplatz** 01 gehen wir bis zur Norfolktanne an der Hauptstraße vor, um dann in die gegenüberliegende Calle La Laguneta zu biegen. Vorbei geht es an gigantisch hochgewachsenen Kakteen, und nach weiteren 100 m hinter einer Rechtskurve zweigt rechts ein Pfad ab. Er ist zu-

01 Parkplatz, 205 m; 02 Küstenpfad, 148 m; 03 Tenesar, 8 m; 04 links oberhalb von Tenesar, 54 m; 05 Steinwüste, 161 m

Auf dem Hausvulkan von Tinajo

nächst eingefasst mit Steinen und vor einer Höhle geht es dann links hoch zum Vulkanrand. Im Uhrzeigersinn geht es zum Gipfelkreuz vor. Wir gehen nun 300° auf dem Vulkanrand, bis in einer kompletten Kehrtwendung der Weg rechts herunter zu einer Schotterstraße führt. In östlicher Richtung treffen wir auf eine Weggabelung und gehen links, um dann bei der querenden Asphaltstraße abermals links zu gehen. Wir gehen nun 600 m in nördlicher Richtung und biegen in die dritte Straße links ein, den Camino las Herrentas. In nordwestlicher Richtung gehen wir 2,3 km auf dem Schotterweg. Wir ignorieren alle Abzweiger zu den Feldern. In einer Linkskehre – wir gehen jetzt in südlicher Richtung – kommen wir an einer einzeln stehenden Mauer vorbei. Wir gehen weitere 100 m. Nach weiteren 30 m zweigt links eine Schotterstraße ab, aber wir gehen rechts. Der Weg führt durch zwei Felder mit schwarzen Lavasteinen, bis Steine den Weg für Autos versperren. Wir gehen über eine helle

Blick vom Küstenpfad auf Tenesar

Tenesar

Vom Ort Tinajo kommend geht es in westlicher Richtung vorbei an Feldern, auf denen je nach Jahreszeit Mais, Kartoffeln, Zucchini, Weizen oder Wein wachsen. Aber schon bald lässt man die kultivierten Flächen hinter sich, und das Landschaftsbild verändert sich in eine unwirtschaftliche Lavalandschaft. Bei den Neuzeitausbrüchen der Vulkane hat sich der Großteil der Lavaströme seinen Weg Richtung Westen, also zur Küste hin, gebahnt. Der unmittelbare Küstenabschnitt, wo heute das Dorf Tenesar steht, wurde von den Lavamassen verschont. Die wenigen Häuser wurden von Einheimischen als Feriendomizil errichtet und werden von ihren Eigentümern nur in den Sommermonaten genutzt. Wie ein kleines Piratendorf liegt Tenesar in der absoluten Abgeschiedenheit an der Westküste. Spannend ist es, die engen Gassen zu erkunden. Der Hausstrand „Playa Tenesar" und weitere Lavaplanschbecken laden zum Verweilen ein. Baden ist auch hier, wie an der gesamten Westküste, aufgrund der hohen Wellen und Unterströmung nicht möglich.

In den Gassen von Tenesar

Sandfläche und Steinmännchen markieren nun den beginnenden **Küstenpfad** `02`. Nach einer Anhöhe können wir in der Ferne das Piratendorf **Tenesar** `03` sehen.

Oberhalb der steilen Klippe führt der Pfad bis in ein Barranco, dem wir nun 170 m Richtung Küste folgen. Dann gehen wir direkt auf die weißen Häuser von Tenesar zu. Bei einer gepflegten Brotzeit kann man beobachten, wie Riesenwellen mit ihrer enormen Gewalt an die Küste brechen. Am östlichen Rand des Dorfes liegt noch versteckt der nicht ganz saubere „Playa Tenesar", den man je nach Stand der Tide über den Küstenstreifen erreichen kann.

Wir gehen auf der Asphaltstraße in südlicher Richtung, um nach einer Ruine **oberhalb von Tenesar** `04` links in den Schotterweg zu biegen. Dieser führt nun parallel zu einem Lavastrom direkt am Fuße des Montaña de Teneza vorbei. Nach 2,2 km, noch vor der Asphaltstraße, haben wir die Gelegenheit, links einen Abstecher in eine **Steinwüste** `05` zu machen. Neben zerklüfteten Erosionsflächen sind große Steinblöcke aus dem Vulkan herausgebrochen und liegen wie Spielzeug von nicht vorhandenen Riesen herum. Nach dieser kurzen Exkursion gehen wir bis zur Straße vor. Hier gehen wir links, nun immer der Straße folgend bis zum **Ausgangspunkt** `01`.

VON TENESAR ZUM PLAYA DEL REISADO

Entlang der Lavagestein-Küste zu einem wilden schwarzen Strand

 4,4 km 1:45 h 50 hm 50 hm 241

START | Mit dem Pkw sind es von Arrecife auf der LZ-20 19 km nach Tinajo. Dann fährt man gegenüber der Norfolktanne an der Hauptstraße in die Calle del Laguna Richtung Westen und folgt dem Verlauf 3,9 km, um dort rechts Richtung Meer und dem Dorf Tenesar abzubiegen. Auf einer Schotterstraße fährt man nun links bis hinter das letzte Haus zum Parkplatz.
GPS-Daten zum Parkplatz [29.083133 -13.723817].
CHARAKTER | Einfache Wanderung, aber trotzdem ist Vorsicht geboten aufgrund des extrem scharfen Lavagesteins.

Bei den Vulkanausbrüchen der Neuzeit sind die vom Timanfaya-Nationalpark kommenden Lavaströme auf das Meer getroffen.
Durch das rasche Erkalten der Lavaströme entstand eine neue zackige und schroffe Küstenlinie mit einer durchschnittlich 10 m hohen Steilküste. Diese Küstenlinie wird nur durch kleine Buchten aufgelockert, die durch ständige Erosion der meterhohen Atlantikwellen entstehen.
Der Weg führt durch dieses wechselnde Landschaftsbild vorbei an einer vulkanischen Bombe sowie einem spektakulären Lavakanal zu einem wilden schwarzen Naturstrand mit Olivin-Gestein.

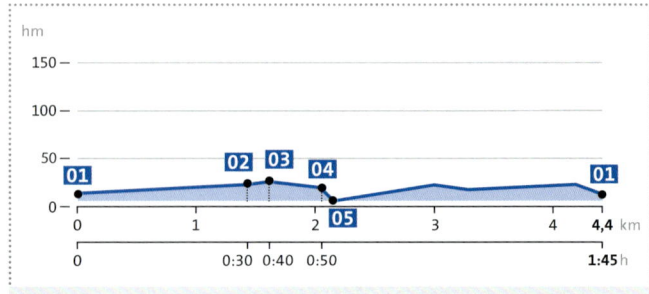

01 Parkplatz, 12 m; 02 vulkanische Bombe, 21 m; 03 Lavakanal, 23 m; 04 Playa del Reisado, 17 m; 05 Olivin-Gestein, 9 m

Blick auf die zerklüftete Küste

PARQUE NATURAL
DE LOS VOLCANES

Punta Gaviota
o Negro

Islotes Punta Gaviota

Islotes del Mariscadero

Islotes del Cartijo

Islote del Gato

Playa Gaviota

Piedra Tejera

Playa del Islote

El Mariscadero

Playa del Reisedo

Los Picarrachos

Piedra Navarro

Playa del Cialadito

Piedra Morin

Barranco Salinero

Piedra Marcial

Piedra Mansa
Pico Alto

Tenesar

Playa

Punta Alonso

Bajo Risco Negro

Caletón de
los Algas

Llano Camello

Tenesa

Montaña

0   500 m

05 **04** **03** **02** **34** **01** **34**

Vulkanische Bombe am Wegesrand

▶ Vom **Parkplatz** 01 gehen wir in westlicher Richtung auf dem Küstenpfad. Im ersten Teil der Wanderung durchquert der Pfad immer wieder Stücke, die nicht von dem Material der Ausbrüche betroffen sind und als sogenannte „Isolotes" (Inselchen) bezeichnet werden. Hier haben sich Buschlandschaften mit dem charakteristischen Sukkulentenbusch angesiedelt. Ich möchte Sie bitten, sich aufgrund der Sensibilität der Ökosysteme nur auf ausgezeichneten oder klar ersichtlichen Pfaden zu bewegen.

Schon bald liegt direkt am Wegesrand eine **vulkanische Bombe** 02. Weitere Informationen finden Sie in der Wanderung 29. Aufgrund des hohen Salzgehalts in der Luft ist die Vegetation hier an der Küste sehr spärlich. Die Tierwelt ist unter Wasser aufgrund des Nahrungsangebotes viel reicher als am Land. Daher kann man hier eine Vielzahl von Vogelarten wie die Möwen, Gelbschnabelsturmtaucher, Große Sturmtaucher, Regenpfeifer und Seeschwalben zu sehen bekommen.

Nur ein kurzes Stück weiter auf der rechten Seite kann man direkt in einen **Lavakanal** 03 hineingehen. Nach 2,1 km erreichen wir den **Playa del Reisado** 04. Der gesamte Strand ist gespickt mit kleinen **Olivinsplittern** 05. Weiterhin findet man überall Einschlüsse des smaragdgrünen Minerals in den Steinen am Strand (siehe weitere Informationen unter Wanderung 16). Man könnte von hier aus noch 10 Minuten weiter zum „Playa de Isolote" gehen, aber der Küstenabschnitt ist nicht so einladend wie der „Playa del Reisado". Nach Erkundung und einer Rast wandern wir auf dem gleichen Weg zum **Ausgangspunkt** 01 zurück.

VON TAO AUF DIE MONTAÑA TAMIA • 549 m

Besteigung des unbekannten, aber elfthöchsten Vulkans der Insel

 4 km 1:20 h 280 hm 280 hm 241

START | Mit der Buslinie 16, 20, 52 und 53 geht es von Arrecife nach Tao. Mit dem Pkw fährt man von Arrecife auf der LZ-3 und LZ-20 12 km nach Tao. Von Arrecife kommend biegt direkt hinter der Bushaltestelle man links in die Calle Aniagua, wo es Parkmöglichkeiten gibt. GPS-Daten Parkplatz [29.038883 -13.626350].
CHARAKTER | Eine der einfachsten Touren auf der Insel Lanzarote.

Der verträumte Ort Tao liegt im Zentrum der Kanarischen Insel Lanzarote und gehört zur Gemeinde Teguise. Das Landschaftsbild wird geprägt von einem offenen Steinbruch, in dem Lapilli gefördert wird. Die Wanderung führt durch einen fruchtbaren Vulkankessel über seinen Vulkanrand auf den Aussichtsvulkan.

▶ Auf der Hauptstraße von Arrecife kommend, gleich hinter der Bushaltestelle **01**, biegen wir links in die Calle Aniagua. Bei der folgenden Weggabelung gehen wir rechts bergauf. Nach 250 m geht es vorbei an einer Zisterne, die renoviert wird.
Bei einer weiteren Weggabelung – auf der linken Seite ist noch ein Wasserspeicher – erreichen wir eine **Hochebene 02** und nehmen den rechten Weg. Wir gehen nun durch fruchtbare Felder leicht bergab bis in den Vulkankessel,

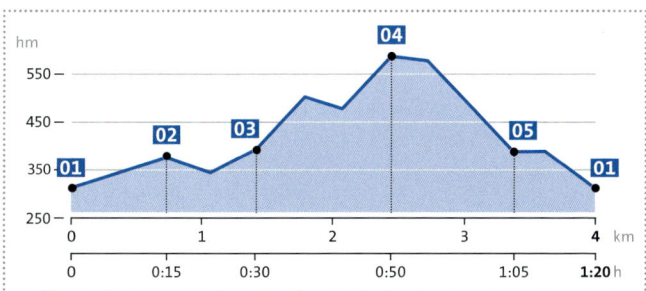

01 Bushaltestelle und Parkplatz, 317 m; **02** auf der Hochebene rechts, 370 m; **03** beginnender Aufstieg, 389 m; **04** Montaña Tamia, 549 m; **05** Verlassen des Vulkankessels, 383 m

Alte Zisterne

um bei einer weiteren Weggabelung rechts zu gehen. Blickt man links in den Vulkankessel, kann man sogar vereinzelt Bäume stehen sehen.

Der Weg steigt wieder an und geht direkt durch eine aufgebrochene Mauer, bis der Weg wieder anfängt anzusteigen. Hier **beginnt der Aufstieg 03**. Wir gehen links auf dem nördlichen Vulkanrand bergauf.

Der Weg ist klar vorgegeben und schon bald erreichen wir den Gipfel des **Montaña Tamia 04** (549 m). Nach Norden hat man freien Blick bis zum Atlantik. Im Osten sieht man die alte Hauptstadt Teguise und in weiter Ferne das Risco-de-Famara-Gebirgsmassiv. Richtung Süden geht der Blick über San Bartolomé bis in die Hauptstadt Arrecife. Im Westen kann man bei guter Sicht den Nationalpark Timanfaya mit seinen Vulkanen erkennen.

Wir gehen weiterhin gegen den Uhrzeigersinn auf dem Vulkanrand und kommen vorbei an einem Holzkreuz, bevor es dann zum Vulkankessel herunter geht. Auf dem Schotterweg gehen wir nun rechts, kommen an unserem Wegpunkt **02** vorbei, **verlassen** hier den **Vulkankessel 05** und gehen zum **Ausgangspunkt 01** zurück.

Blick auf den Montaña Tamia

Lapilli

Das schwarze Gold der Insel – schon aus der Ferne sieht man den offenen Steinbruch nahe dem Ort Tao und unterhalb des Vulkans Montaña Tamia. Hier wird das Material Lapilli gefördert. Lapilli wird bei Pyroklastischen Eruptionen aus dem Vulkanschlot als Lockermaterial mit 2–64 mm Korndurchmesser gefördert. Weitere Auswurfmaterialien sind die vulkanische Asche (weniger als 2 mm Durchmesser) und die vulkanischen Bomben (mehr als 64 mm Durchmesser). Aufgrund der Gesteinsbeschaffenheit hat Lapilli mit seiner porösen Oberfläche und kälter werdendem Klima die Fähigkeit, der Umgebungsluft Feuchtigkeit zu entziehen und diese auch gleich zu speichern. Bei zunehmenden Umgebungstemperaturen gibt das Lapilli die Feuchtigkeit wieder an die nähere Umgebung ab. Nach diesem Prinzip funktionieren alle kultivierten Landschaftsflächen auf Lanzarote. Empfehlenswert ist ein selbst arrangierter Besuch des offenen Steinbruchs. Es haben sich bizarre Formen und Gestalten gebildet, die es gilt, zu entdecken. Unter den folgenden GPS-Daten N29 01.694 W13 37.504 kommt man nah genug heran, um einen kleinen Rundgang zu machen.

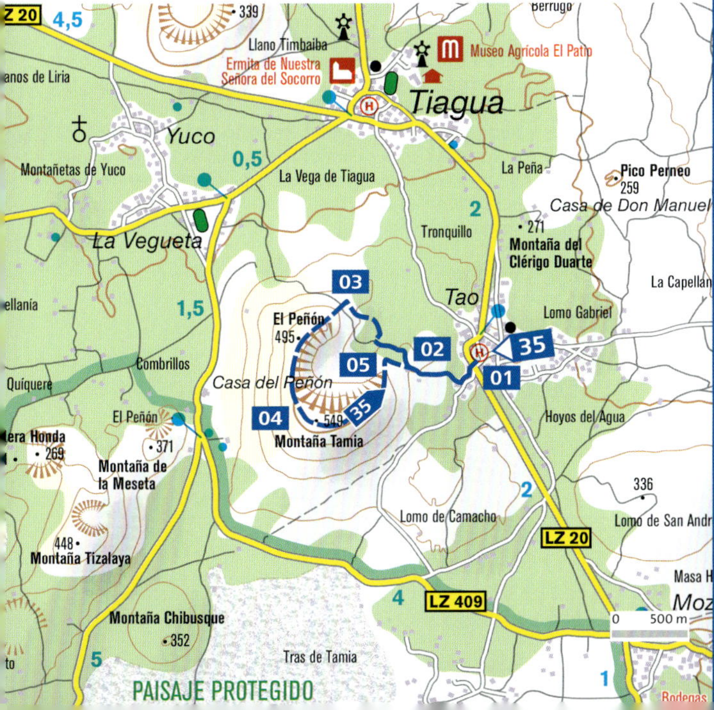

KÄSEREI – HACHA GRANDE • 561 m – TRAUMSTRAND

Einer der Alpinistengipfel – sowie ein versteckter Traumstrand

 10 km 4:00 h 730 hm 730 hm 241

START | Mit dem Pkw fährt man von Arrecife auf der LZ-2 und LZ-702 34 km bis zum Startpunkt nördlich von Playa Blanca. Im Kreisverkehr biegen wir auf die Schotterstraße Richtung Papagayo-Strände. Nach 1,6 km, noch vor Straßenmauthäuschen, schlängelt links eine schlechter werdende Schotterstraße 1,3 km zu einer ausgeschilderten Käserei. Vor der Einfahrt links kann man parken. GPS-Daten zum Parkplatz [28.876300 -13.787717].
CHARAKTER | Es erwarten uns leichte Blockkletterei auf den Hacha Grande und durchwegs weglose Strecken. Das erfahrene Navigieren im freien Gelände ist eine Voraussetzung für diese Tour.

Die Vulkane im Ajaches Nationalpark sind die geologisch ältesten auf Lanzarote. Sie sind der Ursprung der Entstehungsgeschichte der Insel. Diese Tour ist extrem beeindruckend, weil sie die Gegensätze zwischen Meer und Bergen in einer einmaligen Landschaft vereinigt. Es wird einer der Alpinisten-Gipfel der Insel bestiegen und man wandert auf einem seiner Bergrücken 3,3 km und 560 Höhenmeter direkt bis zum Meer herunter, zu einem versteckten Traumstrand mit schwarzem Lavasand.

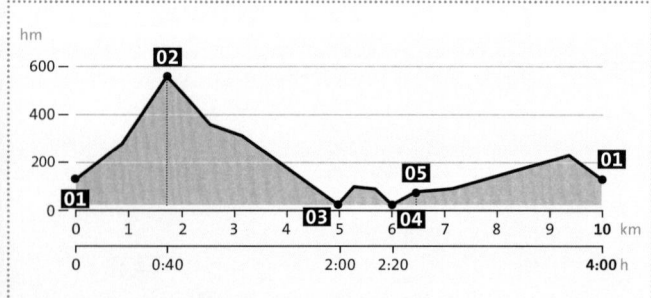

01 Parkplatz, 123 m; **02** Hacha Grande, 561 m; **03** Playa Ajaches Nationalpark 5, 2 m; **04** Playa Ajaches Nationalpark 1, 2 m; **05** Schotterweg, 70 m

Blick von Süden auf den Hacha Grande (561 m)

▶ Vom **Parkplatz** 01 führt ein Pfad in östlicher Richtung vorbei an der Käserei, parallel zu einem rechts von uns liegenden Barranco, hinauf zu einer Einsattelung. Und hier sehen wir bereits links von uns einen Pfad Richtung Südflanke des Hacha Grande. Nachdem wir eine große Steinpyramide umlaufen haben, wird es steiler und wir bewegen uns auf ein Stück mit Blockkletterei zu. Die extrem lockeren Steine lassen sich am besten etwas weiter rechts bewältigen. Wir gehen nun teils weglos. Nach zwei weiteren steilen Rampen markieren vereinzelte Steinmännchen den Pfad, der nur schemenhaft zu erkennen ist.

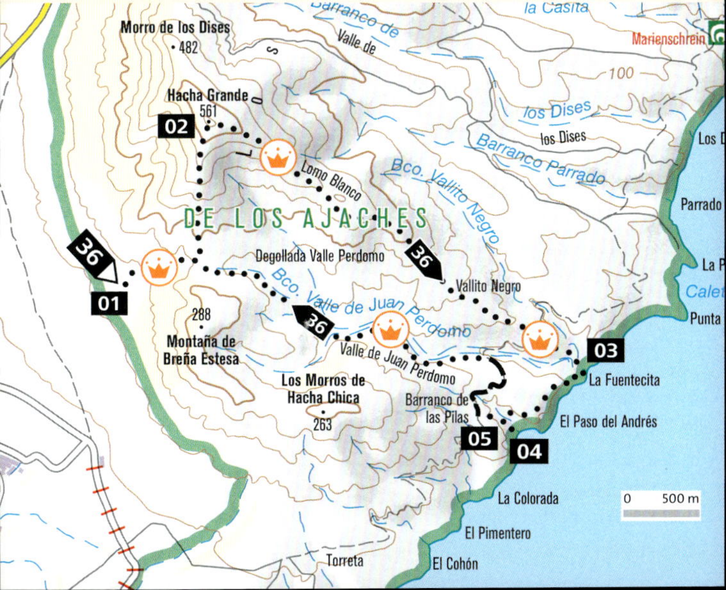

Blick über den südöstlichen Berg-kamm

Als weitere Orientierungshilfe halten wir uns nun immer mittig auf dem Bergkamm, bis wir den Gipfel des **Hacha Grande** **02** (561 m) erklommen haben. Das Hacha-Grande-Gebirgsmassiv setzt sich aus drei aufeinander zulaufenden markanten Bergrücken zusammen. Über den Bergrücken aus südwestlicher Richtung sind wir aufgestiegen. In nördlicher Richtung führt ein Wanderführer nach Femes. In südöstlicher Richtung schlängelt sich ein Bergrücken bis an die Küste herunter.

Wir setzen jetzt unsere Wanderung in Richtung des südöstlich ausgerichteten Bergrückens fort. Es geht weglos bergab. Während der nächsten 3,3 km gehen wir immer auf dem höchsten Punkt des Bergrückens. Nur 100 m vor dem Meer steigen wir in das Barranco und kommen an eine erste Bucht. Da diese Bucht noch nicht in der Literatur erwähnt ist, gebe ich ihr den Namen **Playa Ajaches Nationalpark 5** **03**.

Wir gehen wieder 100 m in nördlicher Richtung im Barranco zurück. Links in südwestlicher Richtung steigen wir nun weglos auf in einem Barranco mit schwarzem Lavastein und einem Steinmännchen, bis wir uns oberhalb der Klippe befinden. Halb links sehen wir nun einen großen Steinhaufen und schon bald treffen wir auf einen zweiten Steinhaufen. Wir folgen der eingeschlagenen Wegrichtung noch weitere 100 m, ändern dann die Wegrichtung und gehen weitere 130 m im rechten Winkel, parallel zu dem nun links von uns liegenden Barranco. An dieser Stelle können wir in das Barranco, steil und auf rutschigem Geröll, absteigen und folgen ihm im weiteren Verlauf bis an den Traumstrand **Playa Ajaches Nationalpark 1** **04** – eine Traumbucht mit feinem schwarzem Lavasand durchsetzt mit kleinen Steinen, Schatten spendenden Stellen sowie perfekten Badebedingungen lädt zum Verweilen ein.

Nach einer Pause gehen wir im Barranco 330 m landeinwärts, um an der ersten größeren Gabelung im linken Barranco bergauf zu gehen und im weiteren Verlauf dann weglos einen **Schotterweg** **05** zu erreichen. Hier wandern wir rechts, lassen auf einer Anhöhe einen Abzweiger rechts liegen und steigen dann in das breite Barranco ab. Wir verlassen den Weg und folgen immer dem Hauptstrom des Barranco nach links, also landeinwärts. Nach 1 km lassen wir das nach links abzweigende Barranco liegen. Als Orientierungshilfe nehmen wir den Hacha Grande, der halb rechts vor uns liegt. Das Barranco wird nun zunehmend schmaler und die letzten 400 m zur Einsattelung, die wir schon vom Hinweg kennen, gehen wir weglos. Auf der Einsattelung angekommen, gehen wir auf dem bergabführenden Pfad zum **Ausgangspunkt** **01**.

MONTAÑA ROJA • 196 m

Besteigung des Hausvulkans des Ferienzentrums an der Playa Blanca

 4,2 km 1:25 h 190 hm 190 hm 241

START | Mit der Buslinie 6 und 60 von Arrecife zum Playa Blanca. Dann mit der Buslinie 30 geht es vom Hauptbusbahnhof an der Playa Blanca „Estaciòn de Guaguas" zur westlich gelegenen Station „Los Arcos" auf unmittelbarer Höhe des Vulkans Montaña Roja und kurz vor dem links liegenden H10 Rubicón Palace. Mit dem Pkw sind es von Arrecife auf der LZ-2 40 km bis zum Start. Im ersten Kreisverkehr vor Playa Blanca die erste Ausfahrt Richtung „Urbanization El Faro" fahren und im vierten Kreisverkehr die dritte Ausfahrt in die Calle del Roque und gleich wieder rechts in die Calle Lanzarote. Vor dem Einkaufszentrum kann man parken. GPS-Daten zum Parkplatz [28.861900 -13.854550].

CHARAKTER | Kurzer aber knackiger Aufstieg bei einfacher Orientierung.

Die Besteigung des nur 196 m hohen Vulkans ist eine der meistfrequentierten Wanderungen auf der Insel. Das liegt wohl an den geringen Höhenmetern, aber auch an der beeindruckenden Fernsicht. Über die Meeresenge lässt sich sehr gut Fuerteventura ausmachen und Richtung Osten sind die Papagayo-Strände sehr schön zu sehen. Etwas getrübt wird der Blick durch endlose Apartmentanlagen, teils erst halb fertig gebaut, oder schon wieder am Verfallen.

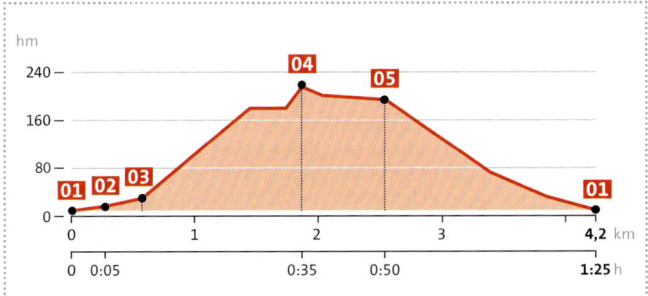

01 Natura Beach, 6 m; 02 Parkplatz, 12 m; 03 Bushaltestelle, 29 m; 04 Montaña Roja, 196 m; 05 Abstieg Richtung Playa Blanca, 175 m

Blick vom Leuchtturm zum Montaña Roja (196 m)

▶ Bei dem kleinen, aber feinen Sandstrand **„Natura Beach"** `01` mit dem gleichnamigen Restaurant gehen wir über die kleine Brücke und dann gleich rechts bergauf.

Der Weg gabelt sich und geht rechts hoch zum **Parkplatz** `02` vom Einkaufszentrum, ganz links zum Hotel H10 Rubicón Palace und halb rechts gehen wir zur Hauptstraße vor und überqueren den Zebrastreifen.

An dieser Stelle kommen unsere Busfahrer dazu, die bereits 250 m von der **Bushaltestelle** `03` entgegen der Fahrtrichtung des Busses zurückgegangen sind. Der Busfahrer geht links, der Autofahrer geradeaus, und nun gehen wir alle an der langen hohen schwarzen Steinmauer bergauf. Inzwischen gehen wir auf der Mauer und kurz dahinter biegt rechts ein Pfad Richtung Hausvulkan ab. Sind wir nicht sicher, wo der Weg langführt, halten wir uns mittig auf dem Vulkanrücken. Der rutschige Untergrund wechselt von einem hellen Braunton in einen hellen Rotton über. Viele kleine Aushöhlungen im Vulkan werden umgangen.

Im oberen Teil treffen wir auf eine Erosionsrinne mit griffigem Untergrund. Am Vulkanrand gehen wir mit dem Uhrzeigersinn bis zum Gipfel **Montaña Roja** `04` (196 m) vor.

Es geht weiter auf dem Vulkanrand, bis wir 300° voll haben und an eine Weggabelung treffen.

Rechts geht es weiter auf dem Vulkanrand, links geht es Richtung Norden bergab. Wir gehen für den **Abstieg Richtung Playa Blanca** `05` den Weg halb links herunter. Nach 250 m queren wir eine Asphaltstraße und gehen weitere 230 m zwischen den Häusern bis zur Hauptstraße vor. Eine weitere Bushaltestelle gibt es rechts hinter dem ersten Kreisverkehr. Die Pkw-Fahrer gehen noch weitere 300 m, bis links das Einkaufszentrum zu sehen ist.

Blick vom Montaña Roja zum H 10 Rubikon Palace

Map

Costa

Antonio

Negra

o Azul

sado

Hoya de la Yegua de Arriba

LZ 701

Jardín de Yaiza

Llanos de las Vacas

05

Montaña Roja
145

37

Baja Montaña

P

Paradise Island

Playa Blanca Dunas

04
196

P

Urbanización Montaña Baja

P

Corbeta

La Mulata

Urbanización Atlantis Gardens

03

P

37

sinto

Montaña Roja

02

01

P

Atlantic Gardens

Urbanización Casas del Sol

arabela

Calimera Playa Blanca

La Campana

El Cachazo

Timanfaya Palace

Arzt

ancelas

P

Playa de Montaña Roja

Playa Flamingo

Los Guardianes

de Pechiguera

Las Lajas Blancas

Lanzárote Park

Su

Punta Pechiguera

Punta Limones

Playa Blanca

0   500 m

KÄSEREI – PLAYA AJACHES NATIONALPARK 1

Durch ein Barranco zu einem versteckten Traumstrand

 8 km 3:15 h 400 hm 400 hm 241

START | Mit dem Pkw fährt man von Arrecife auf der LZ-2 und LZ-702 34 km bis zum Startpunkt nördlich von Playa Blanca. Im Kreisverkehr biegen wir auf die Schotterstraße Richtung Papagayo-Strände. Nach 1,6 km, noch vor dem Straßenmauthäuschen, schlängelt links eine schlechter werdende Schotterstraße 1,3 km zu einer ausgeschilderten Käserei. Vor der Einfahrt links kann man parken.
GPS-Daten zum Parkplatz [28.876300 -13.787717].
CHARAKTER | Wanderung auf einfachen Wegen, die an zwei Schlüsselstellen etwas Navigationsgeschick erfordert.

Am Ursprung der Entstehungsgeschichte Lanzarotes wandern wir durch die absolute Abgeschiedenheit des Ajaches Nationalparks. Im Gegensatz zur Tourenbeschreibung 37 lässt diese Variante die Besteigung des neunthöchsten Berges von Lanzarote, den „Hacha Grande", aus und spart so 330 Höhenmeter. Damit wird der Traumstrand „Playa Ajaches Nationalpark 1" für jeden erreichbar. Auf dem Rückweg ist noch eine schöne Variante über einen Höhenweg eingebaut.

▶ Vom **Parkplatz** 01 führt ein Pfad in östlicher Richtung vorbei an der Käserei, parallel zu einem rechts von uns liegenden Barranco,

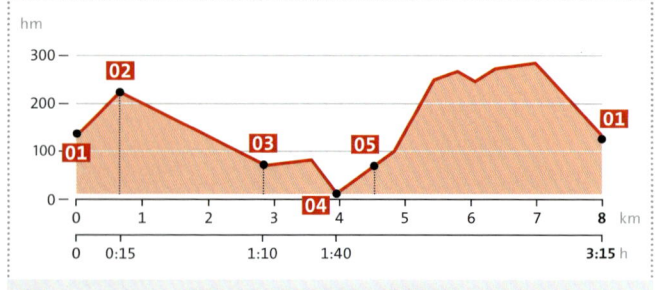

01 Parkplatz, 125 m; 02 Einsattelung, 224 m; 03 im Barranco, 65 m; 04 Traumstrand, 2 m; 05 Höhenwanderweg, 83 m

Blick von der Einsattelung Richtung Playa Blanca

Map:

Morro de los Dises
· 482

Valle de

Hacha Grande
561

los Dises

Barranco Parrado

Bco. Vallito Negro

Lomo Blanco

los Dises

100

D E   L O S   A J A C H E S

Montañeta

Punta

38

01

02 Degollada Valle Perdomo

Bco. Valle de Juan Perdomo

Vallito Negro

38

288

Montaña de
Breña Estesa

Valle de Juan Perdomo

03

38

Los Morros de
Hacha Chica

La Fuentecit

263

Barranco de
las Pilas

loradas

05

El Paso del André

04

La Colorada

El Pimentero

Torreta

El Cohón

0   500 m

Playa
Mujeres

Las Cañadas

Caleta Larga

Pozos de
San Marcial

Baja Cumplida

Der versteckte Einstieg zum Traumstrand

hinauf zu einer Einsattelung. Man sieht links einen Pfad an der Südflanke des Hacha Grande, rechts von uns läuft ein Pfad bergauf. Wir gehen nun mittig zwischen den beiden Pfaden weglos über die **Einsattelung** 02 (224 m) gerade herüber und orientieren uns an dem beginnenden Lauf eines Barranco in südöstlicher Richtung. Nach 300 m ist das Barranco deutlich zu erkennen und wir gehen nun immer dem Verlauf folgend die nächsten 2 km Richtung Meer. An dieser Stelle quert eine Schotterstraße von links nach rechts das **Barranco** 03. Wir folgen dieser Schotterstraße nun rechts bergauf und lassen nach 250 m den Abzweiger links liegen. Durch eine lange Linkskurve umgehen wir den durch das Barranco tief ausgewaschenen Hang. Wir erreichen einen Schotterweg – unser Rückweg –, der rechts auf den Bergkamm führt.

An dieser Stelle gehen wir noch einmal ca. 40 m den Weg zurück,

um dann rechts, wie ein Wassertropfen der Schwerkraft folgend, 50 m in südöstliche Richtung abzusteigen und nach ein paar weißen bröseligen Steinen in ein Barranco zu gelangen, das uns direkt zum **Traumstrand** 04 Playa Ajaches Nationalpark 1 herunter führt.

Nach einer Pause gehen wir im Barranco 330 m landeinwärts, um an der ersten größeren Gabelung im linken Barranco bergauf zu gehen und im weiteren Verlauf dann weglos zur Schotterstraße vor. Je nachdem, wo wir auf Schotterweg gestoßen sind, gehen wir 30–50 m links, um dann rechts steil auf den vor uns liegenden Bergrücken zu steigen. Auf diesem **Höhenwanderweg** 05 ergeben sich traumhafte Blicke auf den Südzipfel Lanzarotes. Zwischenzeitlich wird aus dem Schotterweg ein Schotterpfad und nach 2,8 km erreichen wir die Einsattelung vom Hinweg. Links bergab führt der Pfad zum **Ausgangspunkt** 01.

DIE PAPAGAYO-STRÄNDE

Strandwanderung mit Schönwettergarantie in der „Südsee" Lanzarotes

 7,8 km 2:40 h 60 hm 60 hm 241

START | Mit der Buslinie 6 und 60 von Arrecife zum Playa Blanca. Mit der Buslinie 30 geht es vom Hauptbusbahnhof an der Playa Blanca „Estaciòn de Guaguas" bis zur Endstation Las Coloradas. Mit dem Pkw fährt man von Arrecife auf der LZ-2 und LZ-702 35 km bis zum Startpunkt. Nach dem Kreisverkehr nördlich von Playa Blanca biegen wir in die zweite Straße, die Calle Janubio, ein. Vorbei geht es am Hotel THB Royal und dann biegen wir links in die Av de Papagayo, um nach dem Kreisverkehr in die dritte Straße rechts zu biegen, die Calle de la Hoya. Im folgenden Kreisverkehr die erste Straße rechts abbiegen, um bis zur Strandpromenade zum Parkplatz vorzufahren.

GPS-Daten zum Parkplatz [28.859683 -13.801917].

CHARAKTER | Einfache Wanderung bis auf eine Kletterstelle vor dem Playa Papagayo. Auf dem Rückweg ist die Orientierung bei der Vielzahl von Wegen nicht immer einfach.

Die Wanderung führt an der Küstenlinie mit seinen felsigen Abschnitten und denen dazwischen liegenden wunderschönen Buchten aus feinem weißen Sand und kristallklarem und türkisfarbenem Wasser entlang. Der Rückweg führt landeinwärts am archäogischen Fundort der Brunnen von „San Marcial del Rubicón" vorbei.

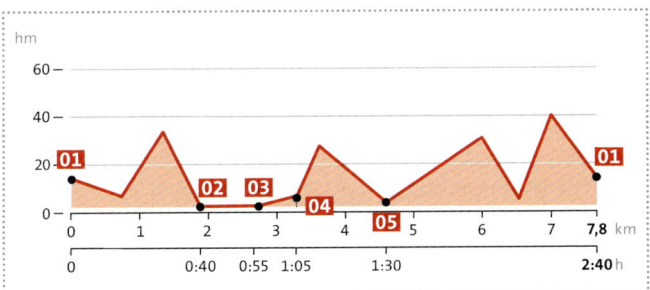

01 Bushaltestelle, 15 m; 02 Playa Mujeres, 0 m; 03 Playa del Pozo, 1 m; 04 Playa Papagayo, 7 m; 05 Playa del Congrio, 4 m

Playa Papagayo

▶ Bei der **Bushaltestelle** `01` gehen wir einige Meter zurück zum Kreisverkehr, queren rechts den Zebrastreifen, queren bei einem zweiten Zebrastreifen die Straße und gehen nun rechts, vorbei am Dream Hotel Gran Castillo und dem Pkw-Parkplatz, bis zur Strandpromenade vor. Hier gehen wir links, um nach 150 m ein paar alte Fischerhäuser zu umgehen. Nach weiteren 200 m geht es steil parallel zum Sandos Papagayo Beach Resort auf die vor uns liegende Klippe. Von der Klippe kann man bereits den **Playa Mujeres** `02` (400 m lang, 70 m breit) sehen. Er ist der größte Strand der Buchtkette und verfügt über zwei Parkplätze, die über die Mautstraße erreichbar sind. Es folgt das erste felsige Stück vorbei am Playa de los Ahogaderos (40 m lang, 5 m breit).

Wir erreichen den **Playa del Pozo** `03` (350 m lang, 70 m breit) und weiter geht es vorbei am Playa de la Cera (80 m lang, 20 m breit) sowie weiteren Mini-Buchten. Direkt an der felsigen Küstenlinie folgt nun eine Kletterstelle direkt oberhalb der Wasserlinie, um den **Playa Papagayo** `04` (100 m lang und 20 m breit) erreichen zu kön-

nen. Der Playa Papagayo ist die am besten besuchte Bucht und das meist fotografierte Motiv. Etwas erhöht liegt ein Restaurant.

Aus der Bucht führt rechts ein Pfad heraus, wir überschreiten in östlicher Richtung die Punta Papagayo und erreichen den **Playa del Congrio** `05` (370 m lang und 30 m breit). Klettert man am nordöstlichen Ende des Playas über weitere Felsen, gelangt man zum meistens starken Winden ausgesetzten Playa de Puerto Muelas (100 m lang und 20 m breit). Wir verlassen aber in nördliche Richtung den Playa del Congrio nun auf einem in westlicher Richtung leicht ansteigenden Sandpfad. Auf einer Anhöhe können wir bereits den großen Parkplatz sehen, den wir queren. In der von uns aus gesehenen rechten äußeren Ecke beginnt der Rückweg durch zwei große Steine hindurch. Bereits nach 10 m gehen wir an der Weggabelung rechts, nach 70 m links den Hügel herunter und folgen dem Pfad im weiteren Verlauf. Nach weiteren 250 m quert ein Weg und wir wandern nun rechts an dem mit Steinen eingefassten archäologischen Fund vorbei. 150 m nachdem wir einen Sandwall überschritten

Archäologischer Fundort – Brunnen von „San Marcial del Rubicón"

1402 errichteten die Eroberer Jean de Béthencourt und Gadifer de la Salle an den Papagayo-Stränden die Stadt Rubicón, bestehend aus einer Festung und einer Kapelle. Süßwasserbrunnen erlaubten es den Eroberern, sich hier anzusiedeln. Heutzutage sind diese Brunnen die einzigen Überreste der Stadt Rubicón. Im Inneren eines dieser Brunnen gibt es Reste von Steingravuren der Ureinwohner, welche die Göttin Tanit repräsentieren sollen. Große Eisengitter liegen zum Schutz über den Schächten der Fundstätte. Die Kapelle der Stadt Rubicón wurde vom Bischof San Marcial geweiht. Sie war immer wieder Ziel von Piratenangriffen und wurde 1593 zerstört, aber 1630 an sicherer Stelle im Ort Femes neu errichtet. Heutzutage kann die „Iglesia de San Marcial de Rubicón" besucht werden. Im Inneren befindet sich zu Ehren von San Marcial eine Statue. Seit dieser Eroberung im Jahre 1402 gehören die Kanarischen Inseln zu Spanien.

haben, geht es abermals links bergauf. Wir queren die Bucht auf einem Pfad, der die beiden Parkplätze verbindet, bevor es wieder bergauf geht und wir den dritten rechten Abzweiger weiter bergauf gehen. Auf der Anhöhe treffen wir auf einen weiteren Weg und hier gehen wir links in Richtung der Häuser. Der Pfad führt auf die Asphaltstraße, die wir queren. Bei dem Kreisverkehr gehen wir rechts und kommen zurück zum **Ausgangspunkt 01**.

BARRANCO DE LA HIGUERA UND BARRANCO DE LA CASITA

Die vergessenen Barrancos unterhalb von Femés

  8,4 km 2:45 h 345 hm 345 hm 241

START | Mit der Buslinie 5 geht es von Arrecife nach Femés. Mit dem Pkw fährt man von Arrecife auf der LZ-2 und LZ-702 25 km bis nach Femés. Nach der ersten Ausfahrt vom Kreisverkehr gibt es Parkplätze vor der Kirche.
GPS-Daten zum Parkplatz [28.913850 -13.77773].
CHARAKTER | Einfache Wanderung auf guten Wegen bei eindeutiger Navigation.

Wir wandern los an der 1630 errichteten „Iglesia de San Marcial de Rubicón". Weiter führt die Wanderung durch zwei Barrancos im Ajaches-Nationalpark zu einem Aussichtspunkt. Auf dieser Tour durch die geologisch älteste Region Lanzarotes ergeben sich immer wieder spektakuläre Blicke über die gesamte Ostküste der Insel.

▶ Von der **Bushaltestelle** 01 in Femés (342 m) gehen wir Richtung Playa Blanca, also bis zum Kreisverkehr vor. Rechts liegen der Parkplatz und die Kirche. An der nun gegenüberliegenden Ausfahrt im Kreisverkehr, bei dem Wegweiser Richtung Loma Pico de la Aceituna, führt eine Schotterstraße in kleinen Kehren zu dem braungelben Gebäude einer Ziegenhaltung bergauf.
Angekommen am **Loma Pico de la Aceituna** 02 (404 m) steigen wir unmittelbar hinter der Ziegenhal-

01 Bushaltestelle, 342 m; 02 Loma Pico de la Aceituna, 404 m;
03 Barranco de la Higuera, 249 m; 04 Morro de la Loma del Pozo, 324 m;
05 Degollada de Portugués, 431 m

Blick vom Morro de la Loma del Pozo (324 m) auf den Pico Redondo

tung, dem Wegweiser folgend, in das Valle de la Higuera ab.

Nach einem Abstieg erreichen wir das **Barranco de la Higuera** 03 und folgen dem Wegweiser zum Morro de la Loma del Pozo. Der Weg verliert noch einige Meter an

Höhe, bis er dann ab einer Ruine wieder ansteigt.

Auf einer Anhöhe folgen wir der roten Markierung und gehen links bis zum Aussichtspunkt **Morro de la Loma del Pozo** 04 (324 m). Bei guter Sicht kann man ganz links

Blick auf den Loma Pico de la Aceituna, im Hintergrund Pico Redondo sowie Hacha Grande

das Hochhaus von Arrecife sehen und schaut man nach rechts, über den südlichsten Zipfel von Lanzarote, der Punta del Papagayo, kann man bis Fuerteventura schauen. Wir wandern zurück zur Anhöhe, an der wir nun links gehen. Der Pfad führt vorbei am Rifugio del Ajibe und schon bald erreichen wir das Barranco de la Casita.

Danach geht es in Kehren 2 km und 200 Höhenmeter bergauf bis zur Einsattelung **Degollada de Portugués** `05` (431 m). Links etwas unterhalb liegt eine weitere Ziegenhaltung, von dort führt gera-

de eine Schotterstraße zur LZ-702 in die El Ruicón. Wir lassen den rechten Abzweiger auf den Pico Redondo liegen und treffen nach 100 m auf einen Pfad, der quert. An dieser Stelle wandern wir weiter rechts Richtung Norden durch die Westflanke des Pico Redondo. An den Stellen, wo der Weg angelegt wurde, schimmert hellbraunes Gestein durch. Weiters verläuft das erste Stück eine Wasserleitung parallel zum Weg. Im Verlauf gehen wir durch zwei Strommasten hindurch und erreichen die Ziegenhaltung vom Hinweg.

Im Barranco de la Higuera

PLAYA BLANCA – HACHA GRANDE • 561 m

Die Besteigung des neunthöchsten Berges

  8,8 km 3:00 h  545 hm 545 hm 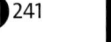 241

START | Mit der Buslinie 6 und 60 von Arrecife zum Playa Blanca. Mit der Buslinie 30 geht es vom Hauptbusbahnhof an der Playa Blanca „Estaciòn de Guaguas" bis zur Endstation Las Coloradas. Mit dem Pkw fährt man von Arrecife auf der LZ-2 und LZ-702 35 km bis zum Startpunkt. Nach dem Kreisverkehr nördlich von Playa Blanca biegen wir in die zweite Straße, die Calle Janubio, ein. Vorbei geht es am Hotel THB Royal und dann biegen wir links in die Av de Papagayo, um nach dem Kreisverkehr in die dritte Straße rechts zu biegen, die Calle de la Hoya. Im folgenden Kreisverkehr die erste Straße rechts abbiegen, um bis zur Strandpromenade zum Parkplatz vorzufahren. Zum Startpunkt der Wanderung gehen Sie bitte an den großen Kreisverkehr zurück.
GPS-Daten zum Parkplatz [28.862500 -13.799817].
CHARAKTER | Es erwarten uns leichte Blockkletterei und einige weglose Stücke.

Die Vulkane im Ajaches-Nationalpark sind die geologisch ältesten auf Lanzarote. Sie sind der Ursprung der Entstehungsgeschichte der Insel. Der älteste Vulkan auf der Insel ist der Atalaya de Femés im Ajaches-Gebirgsmassiv. Diese Wanderung führt uns zu seinem kleinen Bruder und Nachbarn, den Hacha Grande (561 m). Wir bestei-

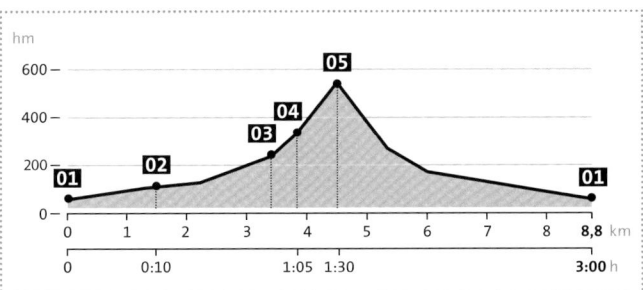

01 Bushaltestelle, 18 m; **02** Mautstraße, 44 m; **03** Einsattelung, 218 m; **04** Steinpyramide, 328 m; **05** Hacha Grande, 561 m

Blick auf den Hacha Grande vom Playa Blanca

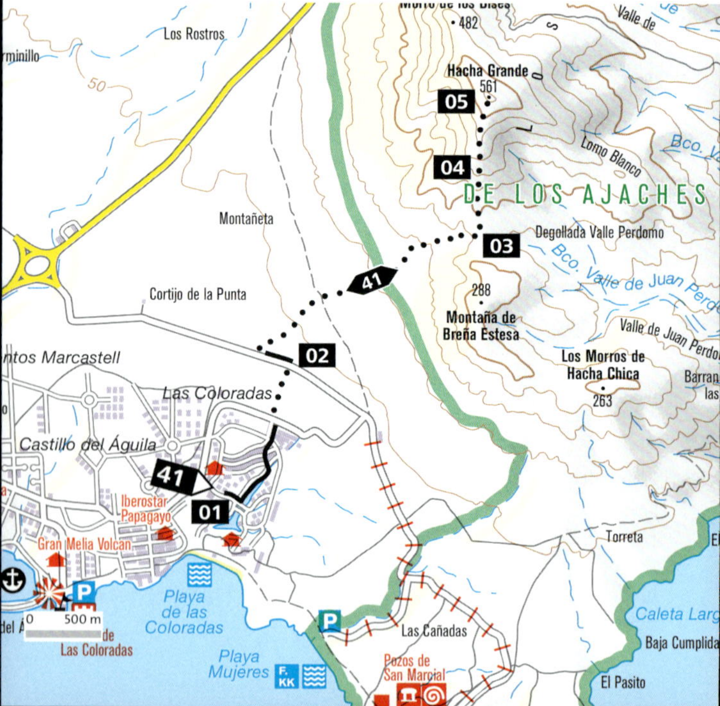

Der Pico Redondo und Hacha Grande vom Atalaya de Femés

gen einen der Alpinisten-Gipfel auf Lanzarote.

▶ Bei der **Bushaltestelle 01** gehen wir einige Meter zurück zum Kreisverkehr, überschreiten den Zebrastreifen geradeaus, um nach 40 m links auf den angelegten Weg zwischen dem Grünstreifen und den Häusern in nordwestlicher Richtung zu gehen. Nach 240 m zweigt links ein Weg über eine Brücke ab und führt im weiteren Verlauf mittig von hohen Wänden eingesäumt bis zu einer Straße vor. Wir überqueren den Zebrastreifen, gehen nur einige Meter rechts und folgen dann links der Asphaltstraße, die bald zur Schotterstraße wird.

Wir treffen auf die **Mautstraße 02**, die zu den Papagayo-Stränden führt, und gehen hier links 300 m, um dann rechts der beginnenden Schotterstraße bergauf zur Käserei zu folgen.

Vorbei führt ein Pfad an der Käserei, parallel zu einem rechts von uns liegenden Barranco, hinauf zu einer **Einsattelung 03**. An dieser Stelle sieht man bereits links einen Pfad Richtung Südflanke des Hacha Grande.

Nachdem wir eine große **Steinpyramide 04** (328 m) umlaufen haben, wird es steiler und wir bewegen uns auf ein Stück mit Blockkletterei zu. Die extrem lockeren Steine lassen sich am besten etwas weiter rechts bewältigen. Wir gehen nun teils weglos. Nach zwei weiteren steilen Rampen markieren vereinzelte Steinmännchen den Pfad, der nur schemenhaft zu erkennen ist.

Zur weiteren Orientierungshilfe halten wir uns nun immer mittig auf dem Bergkamm, bis wir den Gipfel des **Hacha Grande 05** (561 m) erreicht haben. Nach einer Pause gehen wir den gleichen Weg zum **Ausgangspunkt 01** zurück.

LAS CASITAS DE FEMÉS –
PUERTO DEL CARMEN

Von einem Bergdorf in den sonnigen Süden Lanzarotes

 11,5 km 3:50 h  118 hm 370 hm 241

START | Mit der Buslinie 05 geht es von Arrecife nach Las Casitas de Femés. Mit den Buslinien 02, 03, 06, 24 und 25 geht es von Puerto del Carmen nach Arrecife. Mit dem Pkw sind es von Arrecife auf der LZ-2 und LZ-702 22 km bis Las Casitas de Femés. Wir fahren in Las Casitas vorbei an dem Hubschrauber im Vorgarten eines Hauses und biegen bei der nächsten Möglichkeit links ab, um das Auto zu parken.
GPS-Daten zum Parkplatz [28.930100 -13.750067].
CHARAKTER | Einfacher Abstieg sowie moderate Küstenwanderung bei immer eindeutiger Wegführung.

Vom Bergdorf Casitas de Femés übersteigen wir schnell die Ausläufer des Ajaches-Gebirgsmassivs und wandern durch ein unbekanntes Barranco nach Playa Quemada. Drei Restaurants direkt am Wasser laden hier zum Verweilen ein.
Auf einem Küstenpfad geht es über den exklusiven Jachthafen Porto Calero zu einer der touristischen Hochburgen auf Lanzarote, Puerto del Carmen.

▶ Von der Bushaltestelle in **Casitas de Femés** 01 gehen wir links über den großen freien Platz in südlicher Richtung geradezu auf eine Treppe aus schwarzem Lavagestein. Danach folgen wir der

01 Casitas de Femés, 297 m; 02 Schlüsselstelle, 309 m; 03 Playa Quemada, 23 m; 04 Puerto Calero, 15 m; 05 Puerto del Carmen Bushaltestelle, 44 m

Hubschrauber im Vorgarten von Las Casitas de Femés

Asphaltstraße rechts bergauf, aber gehen nicht in die Einfahrt des letzten Hauses, sondern steigen rechts parallel zum Haus auf einem schwer erkennbaren Pfad auf. Oberhalb des Hauses beginnt ein Pfad halb links in südöstlicher Richtung im Hang bergauf zu einer Passhöhe. Wir queren einen Schotterweg und gehen nun wieder bergab.

Nach 330 m treffen wir auf eine Weggabelung. Halb rechts und geradeaus führen Pfade weiter.

An dieser **Schlüsselstelle 02** gehen wir links weglos und orientieren uns an den Steinmännchen, die in 50 m Abstand stehen. Wir gehen bis zu einem Barranco vor und steigen rechts ab in diesen. Wir halten uns rechts und nach einigen Metern umgehen wir einen Wasserfall. Wir folgen nun dem Verlauf des unbekannten Barranco de Nao kontinuierlich talauswärts, bis wir auf grüne Futterbehälter treffen, die man schon weit aus der Ferne sehen kann.

Blick auf den Hafen Puerto Calero

Blick über das Barranco de Nao bis nach Playa Quemada

Wir erreichen **Playa Quemada** `03`. Zunächst können wir direkt am Wasser entlang wandern. Mit der beginnenden Steilküste steigen wir zur Asphaltstraße Calle del Pasito auf und nach einer Linkskehre biegen wir sofort rechts in die Calle Taburiente ab.

Aus der Asphaltstraße wird ein Schotterweg und kurz später ein Pfad, der entlang der Küste am westlichen Ortsrand von **Puerto Calero** `04` zum Hotel Hesperia Lanzarote führt. Nach weiteren 100 m beginnt die breite Uferpromenade. Nach einem rechts von uns liegenden Parkplatz führt eine Treppe zum sehenswerten Jachthafen herunter.

Nach einer Erkundungsrunde geht es zurück zur Uferpromenade und weiter zum östlichen Ortsende. Hinter der rechts von uns liegenden Werfthalle beginnt wieder der Küstenpfad. Vorbei führt der Pfad an Naturschwimmbecken und durch das Barranco del Quiquere.

Wir erreichen die ersten Häuser von Puerto del Carmen und gehen wieder auf einer gut ausgebauten Strandpromenade. Im Zickzack geht es herunter nach Puerto del Carmen und durch Apartmentanlagen direkt an die Hafenmole. Wir gehen die Calle Ntra. Sra. del Carmen in östlicher Richtung bis zur Calle Roque Nublo vor, um dort rechts durch eine Linkskurve hinter dem ersten Kreisverkehr zur **Bushaltestelle von Puerto del Carmen** `05` zu gelangen.

PICO REDONDO • 561 m

Das schnelle Gipfelglück

  5,3 km  1:45 h 200 hm 200 hm 241

START | Mit der Buslinie 5 geht es von Arrecife nach Femés. Mit dem Pkw fährt man von Arrecife auf der LZ-2 und LZ-702 25 km bis nach Femés. Nach der ersten Ausfahrt vom Kreisverkehr gibt es Parkplätze vor der Kirche.
GPS-Daten zum Parkplatz [28.913083 -13.779333].

CHARAKTER | Leichte Blockkletterei auf rutschigem Untergrund bei der Gipfelbesteigung. Die Navigation erfordert etwas Geschick auf dem weglosen Pfad.

Die Wanderung beginnt bei der Kirche „Iglesia de San Marcial de Rubicón" im Bergdorf Femés. Nach einem kurzen Anstieg folgt ein Höhenweg mit spektakulären Ausblicken in die 400 m tiefer liegende El-Rubicón-Ebene und weiter bis zum Playa Blanca. Dann besteigen wir den zweithöchsten Berg im Ajaches-Nationalpark.

▶ Von der Bushaltestelle in **Femés** **01** (360 m) gehen wir Richtung Playa Blanca bis zum Kreis-

verkehr vor. Rechts liegen der Parkplatz und die Kirche. An der nun gegenüberliegenden Ausfahrt im Kreisverkehr, bei dem Wegweiser Richtung Loma Pico de la Aceituna, führt eine Schotterstraße in kleinen Kehren zu dem braungelben Gebäude einer Ziegenhaltung bergauf.
Am **Loma Pico de la Aceituna** **02** (404 m) folgen wir rechts der Ausschilderung Richtung Degollada de Portugués. Auf diesem südwestlich ausgerichteten Hö-

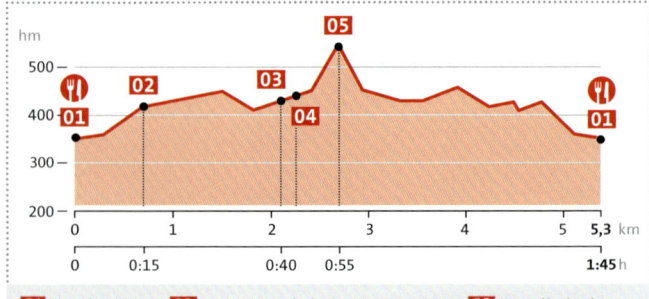

01 Femés, 360 m; **02** Loma Pico de la Aceituna, 404 m; **03** Degollada de Portugués, 424 m; **04** wieder links, 428 m; **05** Pico Redondo, 561 m

Blick vom Atalaya de Femés auf Femés, Pico Redondo, Hacha Grande und Playa Blanca

henweg gehen wir durch zwei Strommasten hindurch und schon bald öffnet sich der Blick herunter zur El Rubicón-Ebene, bis zur Playa Blanca und bei guter Sicht bis Fuerteventura. Wir queren die Nord-westflanke des Pico Redondo. An den Stellen, wo der Weg angelegt wurde, schimmert hellbraunes Gestein hindurch. Auch verläuft eine Wasserleitung parallel zum Weg.

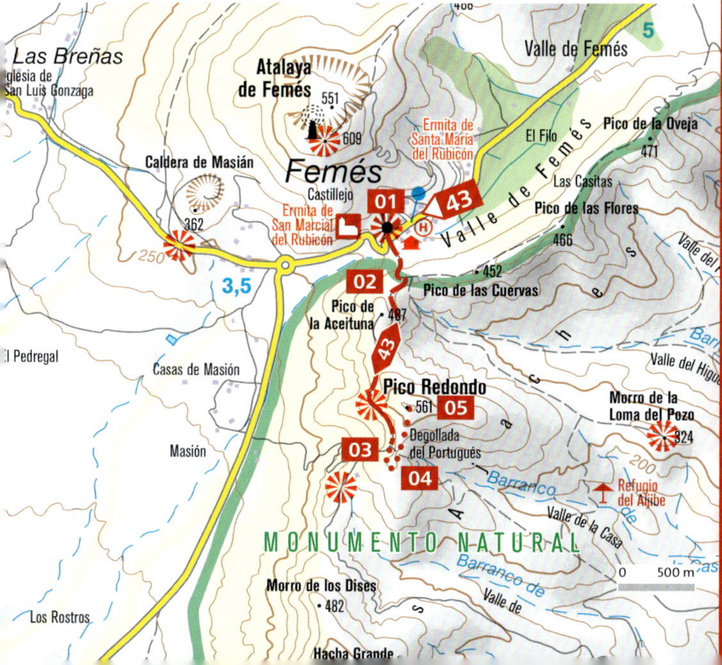

Pico Redondo von Osten

Noch oberhalb der Einsattelung **Degollada de Portugués** `03` (424 m) sehen wir in 150 m Entfernung eine weitere Ziegenhaltung. Hier zweigen wir links auf den leicht bergauf führenden Pfad ab, um gleich nach 70 m **wieder links** `04` (428 m) auf einem der vielen Ziegenpfade auf den vor uns liegenden Bergrücken des Pico Redondo zuzusteuern. Dabei umgehen wir einen kleinen Ausläufer des Pico Redondo und nach einer kleinen Einsattelung mit einem ebenen Stück beginnt der Aufstieg. Die nun folgende Wegstrecke ist komplett weglos und an einigen Stellen müssen größere Steinblöcke umgangen werden. Wir versuchen uns immer mittig auf dem zum Gipfel führenden Bergrücken zu orientieren, bis wir den höchsten Punkt erreicht haben, den **Pico Redondo** `05`. Wir genießen die Panoramaaussicht und nach einer Pause gehen wir die gleiche Strecke zum **Ausgangspunkt** `01` zurück.

Blick vom Gipfel des Pico Redondo auf die Degollada de Portugués

ATALAYA DE FEMÉS • 608 m

Aussichtsreiche Besteigung des ältesten Vulkans der Insel

 9,7 km 3:15 h 330 hm 330 hm 241

START | Mit der Buslinie 5 geht es von Arrecife nach Femés. Mit dem Pkw fährt man von Arrecife auf der LZ-2 und LZ-702 25 km bis nach Femés. Nach der ersten Ausfahrt am Kreisverkehr gibt es Parkplätze vor der Kirche.
GPS-Daten zum Parkplatz [28.913217 -13.779283].
CHARAKTER | Durchwegs einfache Wanderung auf seichten ansteigenden Wegen. Der Aufstieg auf den Bergkamm erfordert ein bisschen Navigationsgeschick.

Vom Bergdorf Femés aus besteigen wir den ältesten Vulkan Lanzarotes, den Atalaya de Femés, im Ajaches-Nationalpark.
Aber zunächst führt der Wanderweg durch die fruchtbare Hochebene des Valle Femés in östlicher Richtung, bis wir dann auf einen Bergrücken des Atalaya de Femés aufsteigen und mit aussichtsreichen Blicken auf den Gipfel zugehen, um ihn dann zu besteigen.

In **Femés 01** (388 m) gehen wir auf der LZ-702 an der Bushaltestelle vorbei Richtung Arrecife. Bei der folgenden Weggabelung führt der Weg weiter auf der mittleren der drei Straßen. Am östlichen Ortsrand von Femés gehen wir bei dem Stoppschild rechts, um dann bei dem Kinderspielparkplatz links und dann rechts heraus den Ort zu verlassen. Wir gehen noch einmal 260 m auf der LZ-702. In der äußersten Ecke

01 Femés, 388 m; **02** oberhalb Valle Femés, 378 m; **03** breitere Schotterstraße, 555 m; **04** am Vulkankrater, 579 m; **05** Atalaya de Femés, 608 m

Ruhe am nördlichen Kraterrand

eines großen Feldes verlassen wir die Hauptstraße links auf einem beginnenden Schotterweg. Vorbei geht es an der Auffahrt zu einem Privatgrundstück und schon bald gehen wir auf einem Pfad, der mit Steinmännchen markiert ist.

Nach zwei vertrockneten Bäumen sowie einem Haus rechts von uns steigen wir auf den vor uns liegenden Bergrücken. An der folgenden Wegverzweigung **oberhalb vom Valle Femés** 02 (378 m) wandern wir nun 200 m links bergauf. Vor einem beginnenden Feld gehen wir 130 m rechts und folgen dann bei einem großen Steinhaufen dem links bergauf querenden Pfad.

Den Gipfel mit seinen Funkmasten immer im Blick, gehen wir nun auf dem Bergkamm, bis wir auf eine **breitere Schotterstraße** 03 (555 m) treffen. Links führt der Weg ins Tal, rechts geht es weiter bergauf.

Leider ist der Gipfel mit Funkmasten übersät, sodass es keinen schönen Platz für eine Pause gibt. Geht man unterhalb des Gipfels **am Vulkankrater** 04 (579 m) an das nördliche Ende des kreisrunden Kraters, ergeben sich schöne Ausblicke Richtung Norden bis zu den Salinen von Janubio, die durch den vorgelagerten See gut zu erkennen sind.

Nach einer Pause geht es weglos über den westlichen Kraterrand auf den Gipfel des **Atalaya de Femés** 05 (608 m). Der Blick ist spektakulär: Richtung Süden über die 600 m unter uns liegende Ebene El Rubicón, das touristische Zentrum Playa Blanca bis hinüber nach Fuerteventura und Richtung Norden bis tief in den Timanfaya-Nationalpark. Hinter den Funkmasten beginnt die Schotterstraße bergab. Bei dem Wegpunkt 03 gehen wir nun auf dem breiten Schotterweg zum **Ausgangspunkt** 01 zurück.

Blick auf den Atalaya de Femés (608 m) vom Ort Femés

Entstehung Lanzarotes

In der Entstehungsgeschichte Lanzarotes erhob sich der Vulkan Atalaya de Femés im Ajaches-Nationalpark als erster aus dem Meer. Das 15–20 Millionen alte Bergmassiv entstand durch die Aufeinanderschichtungen dünnflüssigen Basalts aus Lavaflüssen und Vulkanschlacken in größtenteils subhorizontaler Anordnung. Zu Beginn existierte nur ein Schildvulkan, der sich in der ersten Stufe der vulkanischen Entstehung der Insel im Miozän herausbildete. Wie ein Wachtturm steht der dritthöchste Berg der Insel mit 608 m über dem Meeresspiegel oberhalb von Femés. Der Monte Corona ist mit 609 m etwas höher, aber immer noch niedriger als der Peñas del Chache mit 679 m. Übersetzt man das Wort Atalaya von der spanischen in die deutsche Sprache, heißt es „Wachtturm". Und tatsächlich wurde der Vulkangipfel auch als Piratenausguck genutzt. Damit macht der Berg seinem Namen alle Ehre, denn von dem Gipfel überblickt man die gesamte Südinsel wie aus einem Wachtturm.

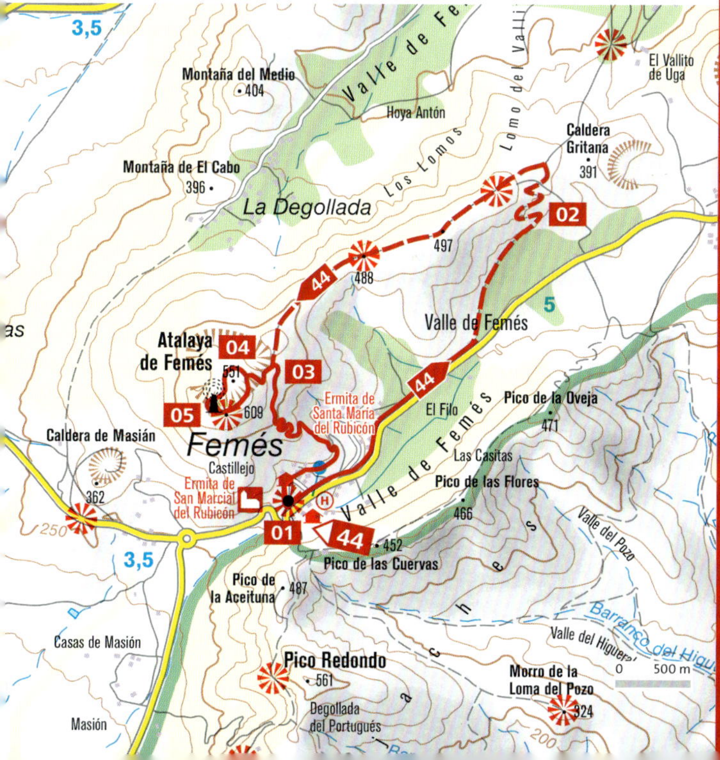

PLAYA BLANCA OST

Erlebnisreicher Spaziergang entlang der Ostküste von Playa Blanca

  4,9 km 1:45 h 0 hm 0 hm 241

START | Buslinie 6 und 60 von Arrecife zum Playa Blanca. Buslinie 30 vom Hauptbusbahnhof an der Playa Blanca „Estaciòn de Guaguas" bis zur Endstation Las Coloradas. Mit dem Pkw fährt man von Arrecife auf der LZ-2 34 Kilometer bis zum Parkplatz. Da die Wanderung nur in eine Richtung verläuft, muss man mit dem Bus fahren. Zwischen dem ersten und zweiten Kreisverkehr in Playa Blanca kann man rechts auf einem großen Parkplatz direkt oberhalb des Hauptbusbahnhofs bequem parken.
GPS-Daten zum Parkplatz [28.862467 -13.799750].
CHARAKTER | Einfacher Spaziergang auf der Strandpromenade.

Das Ferienzentrum Playa Blanca kann die meisten Sonnenstunden auf Lanzarote vorweisen. Das schöne Wetter ist auch der Grund, weshalb sich das Fischerdorf Playa Blanca explosionsartig zu einem der drei großen Ferienzentren auf Lanzarote entwickelte. Die Wanderung führt uns vom östlichen Ende des Playa Blanca über eine wunderschöne Promenade vorbei an Sehenswürdigkeiten, einem Jachthafen mit Einkaufsmöglichkeiten und interessanten Hotels bis zum Zentrum.

▶ Bei der **Bushaltestelle** 01 gehen wir einige Meter zurück zum Kreisverkehr, queren rechts den Zebrastreifen, dann den zweiten Zebrastreifen und gehen nun rechts. Links von uns sehen wir

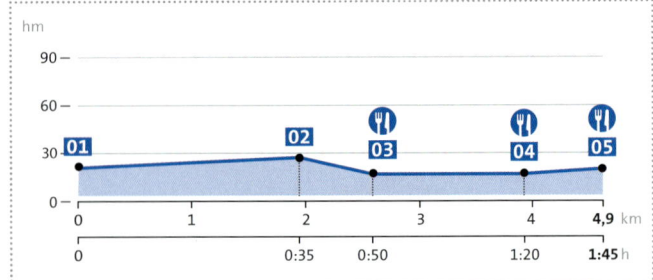

01 Bushaltestelle Las Coloradas, 20 m; 02 Castillo de las Coloradas, 27 m; 03 Yachthafen, 17 m; 04 Playa Dorada, 17 m; 05 Estaciòn de Guaguas, 19 m

Blick von der Strandpromenade Richtung Papagayo-Strände

ein kleines Einkaufszentrum, einen Kinderspielplatz, vorbei geht es am Dream Hotel Gran Castillo und einem dahinter liegenden Parkplatz bis zur Küste. Hier gehen wir nun rechts leicht bergauf, um dann erhöht auf einer Klippe und einer exzellent ausgebauten Strandpromenade direkt oberhalb der Küste zu laufen. Lassen wir den Blick hinter uns schweifen, kann man in der Ferne die Buchten der Papagayo-Strände erkennen (siehe Wanderung 39).

Vorbei geht es am Iberostar-Hotel, kleineren Apartmentanlagen und einem unbebauten Stück Land. Wir erreichen das aus Basaltfels errichtete **Castillo de las Coloradas** **02**. Wie kann es auch anders sein, sein Zweck war, rechtzeitig Piraten zu sichten, um dann die Bevölkerung warnen zu können. Mittig zwischen den Papagayo-Stränden und dem Ortszentrum wurde das Castillo strategisch geschickt auf der Landspitze Kap Punta de Aquila

Castillo de las Coloradas

Das THe Volcán-Hotel

Ein besonderes Highlight ist das 5-Sterne-Luxushotel THe Volcán Lanzarote. Geht man von Castello de las Coloradas Richtung Strandpromenade, fällt einem der künstliche Vulkan gleich auf. Angezogen von diesem Bauwerk trifft man auf eine Kirche. Geht man nun um die Kirche links herum, kann man sie durch eine Glastür betreten. Räucherstäbchen verströmen Weihrauchgeruch und im Hintergrund erklingt Kirchenmusik. Man denkt, man befindet sich in einer Kirche, aber diese Kirche ist das Eingangsportal zum Hotel. Der Vulkankegel beherbergt die Rezeption des Hotels. Das Hotel Volcán Lanzarote ist ebenso luxuriös wie außergewöhnlich gestaltet. Die Innengebäude sind getreu der Inselarchitektur angepasst worden und die Kirche ist eine Nachbildung der Kirche von Teguise der „Ntra. Sra. de Guadalupe". Auf jeden Fall sollte man sich bis zur Rezeption des 5-Sterne-Hotels THe Volcán Luxushotel vorkämpfen. Kostet ja nichts.

platziert. Nachdem das Castillo Mitte des 18. Jahrhunderts zerstört wurde, errichtete man die heutige massive Festung.

Wieder auf der Strandpromenade sind es nur 120 m bis zu einem Aussichtspunkt oberhalb des Jachthafens. Einige Meter weiter geht

Yachthafen Marina Rubicón

es die Treppen herunter und wir erreichen die **Marina Rubicón** 03. Im Hafen findet man ausgewählte exklusive Läden, Galerien und verschiedene andere Serviceeinrichtungen, einige sehr gute Restaurants und Bars mit Stil, Brücken, Terrassen, Schwimmbecken, versteckte Plätze, kleine Gässchen und sogar Gärten. Eine komplett in sich geschlossene Welt. Am westlichen Ende der Anlage errei-

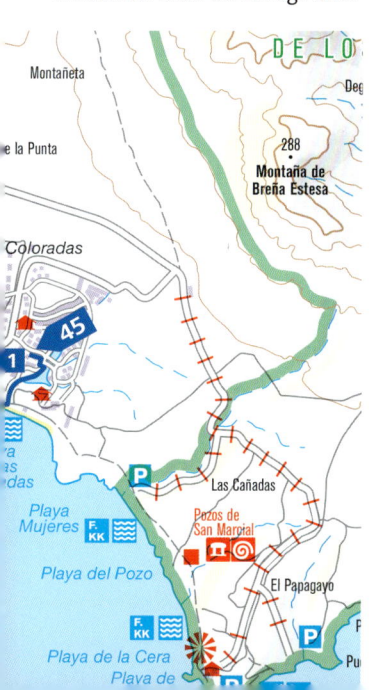

chen wir einen Parkplatz, queren den Kreisverkehr an der links von uns liegenden Tennisanlage vorbei und setzen unseren Weg auf der Strandpromenade fort.

Es folgt wieder eine große unbebaute Fläche, bis wir das Hotel Hesperia Dorada passieren und den mit 300 m längsten Strand von Playa Blanca, den **Playa Dorada** 04, erreichen. Übersetzt man das Wort Dorada vom Spanischen ins Deutsche, ergibt es „goldfarbig". Und tatsächlich hat der Sand besonders in der Abendsonne einen gold-scheinenden Farbton. Er gilt als der Hauptstrand des Ferienortes Playa Blanca und viele große Hotels haben sich hier im Umfeld angesiedelt.

Schlussendlich treffen wir nach 400 m auf den im Zentrum liegenden Playa Blanca. Dieser kleine weiße Sandstrand direkt an der Promenade hat dem ganzen Ort seinen Namen gegeben. Wer mag, kann innerhalb von 50 m sich sonnen, baden gehen und dann in einem der vielen Fischrestaurants essen. Von hier aus gehen wir nun in nördlicher Richtung auf der Avenida Papagayo durch den kleinen Kreisverkehr gleich hinter der Promenade bis zum ersten großen Kreisverkehr vor, um dort links zum Busbahnhof **Estaciòn de Guaguas** 05 sowie dem dahinterliegenden Parkplatz zu kommen.

LAS CASITAS DE FEMÉS – PORTO CALERO

Wanderung mit immer neuen imposanten Weitblicken

 12,3 km 4:10 h 130 hm 400 hm 241

START | Mit der Buslinie 05 geht es von Arrecife nach Las Casitas de Femés. Mit dem Pkw sind es von Arrecife auf der LZ-2 und LZ-702 22 km bis Las Casitas de Femés. Wir fahren in Las Casitas vorbei an dem Hubschrauber im Vorgarten eines Hauses und biegen bei der nächsten Möglichkeit links ab, um das Auto zu parken.
GPS-Daten zum Parkplatz [28.930582 -13.749804].
CHARAKTER | Einfacher Abstieg sowie moderate Küstenwanderung bei immer eindeutiger Wegführung.

Das Dorf Casitas de Femés gehörte seit seiner Eroberung 1404 bis 1950 zur ältesten Gemeinde San Marcial del Rubicón auf den Kanarischen Inseln. 1950 wurde das Dorf in die Gemeinde von Yaiza mitintegriert. Auf der ersten Teilstrecke unserer Wanderung gehen wir durch das Barranco de la Higuera zum Playa del Pozo mit Badegelegenheit herunter. Weiter geht es vorbei am Küstenort Playa Quemada mit drei Restaurants, die zum Verweilen einladen. Von dort geht es auf einem aussichtsreichen Küstenpfad bis zum Yachthafen Porto Calero.

▶ Von der Bushaltestelle in **Las Casitas 01** gehen wir Richtung Femés an dem Hubschrauber vorbei und biegen bei der Ampel links in die Straße. Vorbei geht es an ein paar Prachtexemplaren von Dra-

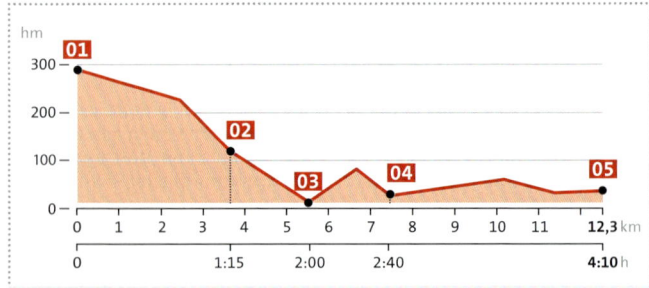

01 Las Casitas, 285 m; **02** Barranco de la Higuera, 118 m; **03** Playa del Pozo, 4 m; **04** La Qemada, 26 m; **05** Bushaltestelle Puerto Calero, 40 m

Blick in das Barranco de la Higuera

chenbäumen über eine Schotterstraße bis zu einer Weggabelung direkt hinter der Einsattelung. Wir wandern nicht links auf der Schotterstraße weiter, sondern folgen rechts dem Pfad. Es ergeben sich bereits imposante Blicke bis zum Playa del Pozo und der dahinter liegenden Fischzucht. Nach einer Anhöhe steigen wir in ein Barranco herunter und sehen in der Entfernung einen alleinstehenden Strommast. Der Blick in das Tal öffnet sich und wir sehen nun rechts einen zweiten Strommasten. Der Weg ist undeutlich und wir wandern nun mittig durch die beiden Strommasten auf die linke von drei Ruinen zu.

Wir haben das **Barranco de la Higuera 02** erreicht, einen der bedeutendsten Wasserläufe im Ajaches-Gebirgsmassiv. Sein Ursprung befindet sich zwischen den Erhebungen Pico Redondo und Loma Pico de la Aceituna. Es wird wieder ein Pfad erkennbar und der Blick auf das Meer beschreibt den Pfad.

Der Weg führt vorbei an einer Ruine, einem Rasthäuschen sowie einem Brunnen, der früher Süßwasser führte. Wir erreichen den schwarzen Kiesstrand **Playa del Pozo 03**. Nach einer Badepause gehen wir auf einem der zahlreichen Pfade am nördlichen Ende des Playas im Zickzack steil an der vor uns liegenden Klippe bergauf. Wir stoßen auf einen Schotterweg und verlassen diesen wieder nach 130 m rechts auf einem Pfad. Im weiteren Verlauf ignorieren wir alle Abzweiger rechts bergab und erreichen **Playa Quemada 04**. Zunächst können wir direkt am Wasser entlang wandern. Mit der

Blick von La Quemada bis Puerto del Carmen

Blick auf den Playa del Pozo

beginnenden Steilküste steigen wir zur Asphaltstraße Calle del Pasito auf und nach einer Linkskehre biegen wir sofort rechts in die Calle Taburiente ab.

Aus der Asphaltstraße wird ein Schotterweg und kurz später ein Pfad, der entlang der Küste am westlichen Ortsrand von Puerto Calero zum Hotel Hesperia Lanzarote führt. Nach weiteren 100 m fängt die Uferpromenade an. Nach einem rechts von uns liegenden Parkplatz führt eine Treppe zum sehenswerten Jachthafen herunter. Nach einer Erkundungsrunde geht es zurück zur Uferpromenade und wir gehen die Calle Alegranza in nördlicher Richtung ortsauswärts an der Schranke vorbei, um dann rechts in die Calle Tanuasu zu biegen. Hinter dem Kreisverkehr befindet sich die **Bushaltestelle 05** von Puerto Calero. Leider fahren die Buslinien 24 und 25 nur sehr früh morgens und sehr spät abends. Daher wäre die Rückfahrt zum Ausgangspunkt mit einem Taxi (Tel. 928 52 42 22) die einzig sinnvolle Alternative.

LA HOYA FARO PARK – PLAYA BLANCA

Ausgedehnte Küstenwanderung vorbei an
Naturschwimmbecken

 14,1 km 4:45 h 0 hm 0 hm 241

START | Die Buslinie 6 von Arrecife nach Playa Blanca. Oder man fährt mit dem Pkw von Arrecife auf der LZ-2 34 Kilometer bis zum Parkplatz oberhalb des Hauptbusbahnhofs zwischen dem ersten und zweiten Kreisverkehr in Playa Blanca. GPS-Daten zum Parkplatz [GPS: N28° 51.868' W13° 49.889']. Da die Wanderung nur in eine Richtung verläuft, muss man mit dem Bus fahren. Nun fährt man mit der Buslinie 6 vom Hauptbusbahnhof „Estaciòn de Guaguas" bis zur Station La Hoya. Man kann hier auch das Auto parken. GPS-Daten zum Parkplatz [28.938533 -13.813517]. Am Ziel der Wanderung mit der Buslinie 30 vom Faro Park zur „Estaciòn de Guaguas".

CHARAKTER | Die Wege sind durchwegs gut zu gehen. Aufgrund der Vielzahl von Verzweigungen ist es nicht immer einfach, auf dem richtigen Weg zu bleiben.

In der totalen Abgeschiedenheit wandern wir entlang des von der Sonne begünstigten Südwestzipfels Lanzarotes. Unterhalb der Salinen von Janubio gelangen wir an die Küste. Bei der Küstenwanderung führt der Weg durch eine unheimliche Bauruine, vorbei an Naturschwimmbecken, die zum Baden einladen, und weiter bis zum westlichen Ortsrand von Playa Blanca.

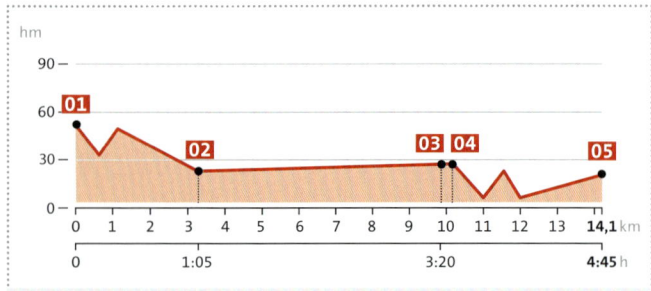

01 La Hoya Bushaltestelle, 51 m; **02** Entsalzungsanlage, 23 m; **03** Bauruine, 26 m; **04** Naturschwimmbecken, 26 m; **05** Bushaltestelle Faro Park, 19 m

Playa de Janubio

Bei der Palmenallee und der **Bushaltestelle** `01` im Ort La Hoya gehen wir in südwestlicher Richtung gerade durch den kleinen Kreisverkehr, um 800 m auf der Asphaltstraße zu gehen. Rechts unterhalb von uns liegen die Salinen. Bei einer Parkmöglichkeit gehen wir halb rechts auf den Pfad, der mit einer 9 auf einem rostigen Pfeiler markiert ist. Wir queren ein Barranco und gehen links vorbei an einer Ruine. Bei der Schotterstraße halten wir uns rechts, wir gehen nun direkt auf den Playa de Janubio zu, um nach 50 m links auf dem Küstenpfad weiter zu wandern.

In dem nun folgenden Wirrwarr von Pfaden gehen wir nun möglichst direkt auf die alte hellbraune **Entsalzungsanlage** `02` zu. Die geringen Niederschlagsmengen reichen niemals aus, um die Einwohner, Millionen von Touristen, Freizeitparadiese und Golfplätze mit Wasser zu versorgen. In der ersten Hälfte des letzten Jahr-

Bauruine Hotel Urbanización Atlante del Sol

Caletón del

Peje Rey

Samari

Caletón del

Las Hoyas de Chó Bravo

Punta de Piedra Alta

Caleteta de Pidra Alta

Punta Abas o del Convento

Las Hoyas de Chó Colorado

El C

Rincón del Palo

Los Anamasos

Los Llanos d

Punta Gorda

La Piedra de los de Femés

03

04

Los Placeres

Urbanización Atlante del Sol (ehem.)

C o s t a   d e   R u b i c ó n

Punta Ginés

Finca de Sandún

Monturrios Pardos

47

Piedra Vieja

Hoya de la Yegua de Arriba

Calvario de José Antonio

Caleta Negra

Llanós d

Montaña Roja

145

196

Baja d

Urbanización Montaña Baja

Hoyo Azul

El Veril Atravesado

La Mulata

Urbar Atlant

47

Atlantic Garden

05

Bajo de San Jasinto

Montaña Roja

Calimera Playa Blanca

La Campana

El Cachazo

Timan

Veril de la Carabela

Playa de Montaña Roja

Playa

Naturschwimmbecken

hunderts wurde Süßwasser mit Schiffen von Gran Canaria und Teneriffa angeliefert. Aber mit dem zunehmenden Tourismus war man gefordert, eine Alternative zu finden. So wurde die erste Entsalzungsanlage Spaniens und eine der ersten weltweit auf Lanzarote errichtet. Inzwischen gibt es mehrere Entsalzungsanlagen und ein komplexes Rohrleitungssystem zur Verteilung des Süßwassers.

Immer besser lässt sich am Horizont die **Bauruine** `03` des Hotels Urbanización Atlante del Sol erkennen, auf die wir nun direkt zusteuern. Bei den Vulkanausbrüchen der Neuzeit schaffte die Natur eine bizarre Mondlandschaft. In den siebziger Jahren verwüsteten Immobilienspekulanten und Baulöwen, was die Natur verschont hatte. Neben diesem Zeitzeugen werden wir am Playa Blanca sehr viele weitere leerstehende Apartmentanlagen und Bauruinen antreffen.

Wir gehen durch den Haupteingang der Bauruine bis zum Meer vor. Schauen wir über die Klippe, sehen wir wundervolle versteckte Badeplätze. Diese sogenannten „Charcos", **Naturschwimmbecken** `04`, laden zum Baden an der felsigen Küste ein. Bei Flut oder bei rauer See füllen sich die von der Natur geschaffenen Pools mit Meerwasser, das sich in der Sonne erwärmt. Im weiteren Verlauf Richtung Playa Blanca treffen wir noch auf weitere Pools. Baden kann man hier nur bei Ebbe und geringem Wellengang, ansonsten besteht Lebensgefahr aufgrund des starken Wellengangs und der starken Unterströmungen.

Ab und zu markieren rostige Pfeiler den Weg. Hinter der Punta Guinéa dreht die Richtung des Weges auf Süd. Links liegt nun der Hausvulkan Montaña Roja von Playa Blanca (siehe Wanderung 37) und am Horizont erkennt man bereits den Leuchtturm sowie die vorgelagerten Apartmentanlagen. Nach einem Graben gehen wir direkt auf die ersten Häuser zu und weitere 200 m auf der Strandpromenade. Dann biegen wir bei einem Grünstreifen links in die nur kurz später beginnende Calle Irlanda, gehen vorbei an einigen Läden und erreichen die **Bushaltestelle Faro Park** `05`.

MONTAÑA TINASORIA • 503 m

Streifzug durch die Weinbaugebiete östlich von Uga

 8 km 2:40 h 300 hm 300 hm 241

START | Mit der Buslinie 06, 13 und 60 geht es von Arrecife nach Uga. Mit dem Pkw fährt man von Arrecife auf der LZ-2 21 km nach Uga. Kurz vor Uga fahren wir rechts auf der LZ-30 Richtung La Geria, biegen in die zweite Straße links, die La Agachallida, fahren bei der nächsten Kreuzung wieder links und erreichen die Kirche und Parkmöglichkeiten.
GPS-Daten zum Parkplatz [28.949300 -13.744183].
CHARAKTER | Die einzige schwierigere Stelle ist die Besteigung des Vulkans.

Das Dorf Uga liegt an den Ausläufern der vulkanischen Tätigkeiten zwischen Macher und Yaiza. Hier werden die Dromedare gezüchtet, auf denen die Touristen am Rande des Timanfaya-Nationalparks reiten. Vom Vulkan Montaña Tinasoria ergeben sich Richtung Südwesten traumhafte Weitblicke über die Vulkane des Ajaches-Nationalparks und entlang der Südküste Lanzarotes. Richtung Norden schaut man über die Weiten der Weinbaugebiete, bis am Horizont der Timanfaya-Nationalpark das Landschaftsbild prägt.

▶ Stehen wir vor der Bar La Cantosa, liegt hinter uns die Kirche und links sehen wir die **Bushaltestelle** 01 (249 m). Hier gehen wir zunächst links auf die Calle La Agachallida, unter den beeindruckenden Eukalyptusbäumen hindurch. Am Kinderspielplatz geht es links, um gleich wieder rechts

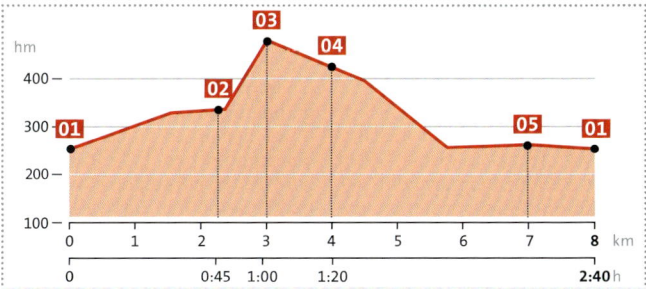

01 Bushaltestelle und Parkplatz, 249 m; 02 Weinbaugebiet, 342 m;
03 Montaña Tinasoria, 503 m; 04 Pass Tinasoria, 415 m; 05 LZ-30, 251 m

Eukalyptusbäume in Uga

bis zur LZ-30, der Hauptstraße. Wir queren sie und gehen links die Calle el Morro nun steil bergauf. Die Asphaltstraße lassen wir schnell hinter uns und passieren einen Wasserüberfluss aus Beton auf der rechten Seite sowie den Vulkan Montaña Casa. Die Schotterstraße führt nun direkt durch den Vulkangrund des Montaña Mojón auf die steile Westflanke des Montaña Timasoria zu.

Der Vulkan versperrt nicht mehr den Blick nach links und wir können weit über die **Weinbaugebiete** 02 (342 m) östlich von Uga sehen. Der Weg gabelt sich nach rechts und halb links, aber wir gehen ein kurzes Stück auf der Fahrspur geradeaus weiter, bis es auf einem schmalen Pfad durch rutschiges Vulkangestein steil und in kleinen Kehren bergauf geht. Als Orientierungspunkt nehmen wir ein größeres Steinfeld, hinter dem wir den Pfad verlassen und gleich links, nun weglos, 120 m auf den Kraterrand zugehen.

Wir treffen auf einen Schotterweg und gehen nun rechts, gegen den Uhrzeigersinn, auf dem Vulkanrand bis zum Gipfel des **Montaña Tinasoria** 03 (503 m) vor. Gleich nach dem Abflugplatz am Risco de Famara ist der zweitschönste Abflugplatz für Drachenflieger die Montaña Tinasoria.

Weithin sichtbar ist nun unser Weg über die Schotterstraße vorbei an Ruinen und weiter durch das Weinanbaugebiet, bis wir auf eine Querstraße am **Pass Tinasoria** 04 (415 m) treffen. Halb rechts von uns liegt der Vulkan Montaña de Guardilama mit 603 m (siehe Wanderung 22). Wir gehen nun links weiter auf dem Weg bergab durch Tausende von Weinstöcken, die in bis zu 3 m tiefe Mulden gegraben worden sind, um den darunter liegenden fruchtbaren Boden zu erreichen. Jeder Weinstock wird durch seine eigene Lavasteinmauer geschützt. Dazwischen gepflanzt sind vereinzelt Feigenbäume, die mit ihrem kräftigen Grün einen Kontrast zu dem schwarzen Lavagestein bilden.

Wirtschaftswege rechts und links ignorieren wir und bleiben

Weinbaugebiet

immer auf dem Hauptweg, bis wir schlussendlich die **LZ-30** ![05] (251 m) erreichen. Wir gehen auf der Hauptstraße ein kurzes Stück, bis rechts der Wanderweg bergab zum Spielplatz führt, wo wir rechts zum **Ausgangspunkt** ![01] zurückkommen.

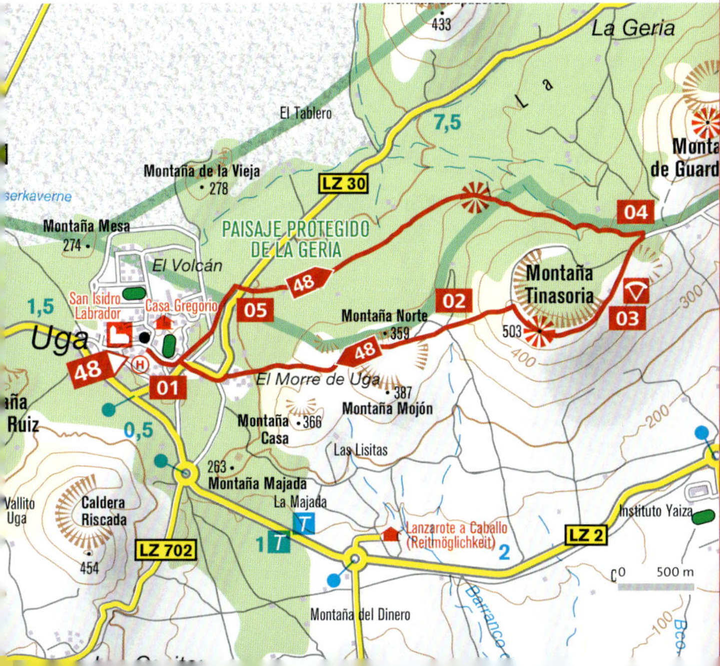

RUTA DE TERMESANA

Geführter Spaziergang durch die Schätze des Timanfaya-Nationalparks

 3,4 km 2:30 h 0 hm 80 hm 241

START | Mit dem Pkw sind es von Arrecife auf der LZ-20 und LZ-46 21 km zum „Centro des Visitantes" Mancha Blanca. Parkplätze gibt es direkt vor dem Besucherzentrum.
GPS-Daten zum Parkplatz [29.033333 -13.703683].
CHARAKTER | Einfacher geführter Spaziergang. Die größte Schwierigkeit an dieser Wanderung ist es, einen der wenigen Plätze zu bekommen.

Wer Interesse hat, die Schätze des Timanfaya-Nationalparks im direkten Kontakt zu erleben, für den bietet die Verwaltung des Parks die folgenden Interpretationsrundgänge mit Führung an: Dromedarreitstation, die Vulkanbustour, Wanderung Ruta larga del litoral (9 km), Ruta corta del litoral (2 km) und die „Ruta de Termesana". Die im Folgenden beschriebene Termesana-Tour vermittelt den Kontakt mit dem Vulkan und der Kultur, die die Einwohner Lanzarotes während der Ausbrüche von 1730–1736 geprägt hat. Auf der 3 km langen Route hören wir sehr emotional präsentiert, wie der Mensch sich nach den Vulkanausbrüchen den neuen Umständen anpassen musste, um zu überleben.

▶ Aufgrund des sensiblen Ökosystems, der diversen Naturprozesse im Park sowie der außerordentlichen geomorphologischen Strukturen der Landschaft gibt es nur eine Autofahrspur und werden die kostenlosen Führungen

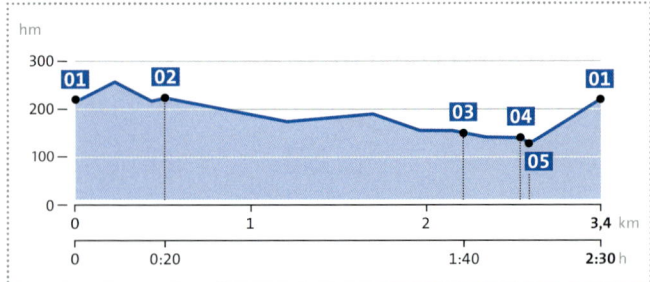

01 Startpunkt, 208 m; 02 Montaña de Termesana, 209 m; 03 Stricklava, 168 m; 04 bizarre Vulkanskulpturen, 145 m; 05 Lavatunnel, 131 m

Blick auf den Montaña Rajada

nur in kleinen Gruppen zu jeweils acht Personen veranstaltet. Fährt man mit dem Jeep über vulkanischen Grund, so wird die darunterliegende Flora und Fauna für die nächsten 50 Jahre geschädigt. Organisiert und ausgeführt von der zuständigen Behörde des Nationalparks und geschulten Führern in englischer und spanischer Sprache jeweils montags, mittwochs und freitags nach vorheriger

Reservierung über die Webseite www.reservasparquesnacionales. es. Und ganz wichtig! Da die Touren sehr beliebt sind, sollte man bereits vor dem Urlaub die Online-reservierung vornehmen. Auf der Webseite „Timanfaya" anklicken, dann „Termesana Route (service with guide only in english)", das Fenster mit „Reservierung" anklicken und dann aus den verfügbaren Terminen wählen und das

Im Lavatunnel

Anmeldeformular ausfüllen. Man trifft sich morgens und fährt ca. 15 Minuten mit einem Minibus über eine gesperrte Straße zum **Startpunkt 01**, der zwischen El Golfo und Yaiza liegt.

Das erste Stück der Wanderung führt westlich an der **Montaña de Termesana 02** vorbei. Wie im falschen Film erscheinen die vielen Feigenbäume in dieser unwirklichen Gegend. Noch heute haben die Bauern Sonderzugangsrechte, um Bäume im Nationalpark zu pflegen und zu nutzen. Die traditionellen Trockenbau-Anbaumethoden integrieren sich perfekt in die wunderschöne Vulkanlandschaft.

Besonders beeindruckend ist die Überquerung eines Lavasees. Wir treffen auf eine Oberfläche ohne weitere Verwerfungen. Trotzdem befinden sich viele Hohlräume unter uns. In einem anschaulichen Beispiel springt die gesamte Wandergruppe in die Luft und in dem Moment, wo wir mit den Füßen wieder auftreffen, schwingt der Boden heftig mit und klingt hohl. Die verschiedenen auftretenden Lavaformen „aa" und „pa-hoe-hoe" werden anhand von Exponaten gezeigt. Eine der Erscheinungsform „pa-hoe-hoe" ist **Stricklava 03**.

Vorbei geht es an bizarr, von der Natur geschaffenen „aa" **Lava-Skulpturen 04**.

Als ein weiteres Highlight wird die Gruppe durch einen der vielen **Lavatunnel 05** geführt. An der Deckenunterseite tropfte die Lava langsam nach unten, während sie erkaltete, bildeten sich Stalaktiten. Mit dem Minibus geht es zurück zum **Besucherzentrum 01**.

Stricklava

YAIZA – LAS-BREÑAS-RUNDE

Wanderung von Yaiza durch den sonnigen Süden der Insel

 13,8 km 4:40 h 290 hm 290 hm 241

START | Mit der Buslinie 06 und 60 geht es von Arrecife nach Yaiza. Mit dem Pkw sind es von Arrecife auf der LZ-1 nach Yaiza 23 km. GPS-Daten zum Parkplatz [28.950583 -13.764950].
CHARAKTER | Mit 13,8 km eine längere Wanderung, aber dafür auf einfachen Wegen. Teilweise ist die Wegführung nicht eindeutig.

Unsere Tour startet in Yaiza, dem Vorzeigedorf Lanzarotes. Genau im Stile von César Manrique stehen hier strahlend weiße Häuser mit grünen Fensterläden. Vorbei führt die Wanderung an der alten Wallfahrtskirche „Nuestra Senora de los Remedios" aus dem 16. Jahrhundert, bevor wir durch ein ruhiges Hochtal zu einer Passhöhe aufsteigen. Von dem folgenden Höhenweg ergeben sich imposante Fernblicke.
Nach dem Abstieg zu dem Künstlerdorf Las Breñas führt der Weg über den „Camino Naturale" mit immer wieder beeindruckenden Blicken auf die Feuerberge zurück nach Yaiza.

▶ Von der Bushaltestelle in **Yaiza 01** (218 m) gehen wir auf der Hauptstraße Richtung Playa Blanca. Hinter der Wallfahrtskirche „Nuestra Senora de los Remedios" geht es links in die Av. del Rubicón durch den Kreisverkehr an der rechts von uns liegenden Treppe vorbei. Wer mit dem Pkw anreist, fährt durch den Kreisverkehr durch und findet gleich links eine gute Parkmöglichkeit. Wir folgen der bereits eingeschlagenen Richtung, lassen alle Abzweiger nach

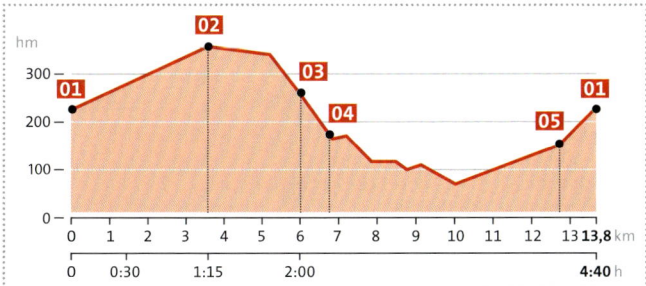

01 Yaiza, 218 m; **02** La Degollada, 346 m; **03** an der LZ-702, 268 m; **04** Las Breñas, 188 m; **05** Yaiza, 168 m

Blick vom Atalaya Femés in das Valle Fenauso

links liegen und gehen rechts in die Av. del Rubicón. Palmen säumen den Weg und hinter dem vor uns liegenden Valle de Fenauso sieht man sehr schön den ältesten Vulkan der Insel, den Femés de Atalaya, mit seinen unzähligen Funkmasten. Vorbei geht es an alten Steinhäusern, Ruinen und bewirtschafteten Feldern.

Auf der sehr verkehrsarmen Asphaltstraße erreichen wir das Dörfchen **La Degollada** `02` (346 m) und den höchsten Punkt unserer Wanderung. Das Dorf ist so verschlafen, dass man nicht einmal Hunde bellen hört – und das in Spanien. Es ergeben sich imposante Weitblicke: zu den Feuerbergen im Osten, dem Binnensee mit den Salinen von Janubio, unserem nächsten Ziel, dem Dorf Las Breñas sowie zum Leuchtturm von Playa Blanca im Westen. Aus der Asphaltstraße wird nun ein Schotterweg und kurz später geht es weiter auf einem Schotterpfad. Wir treffen auf eine Wegverzweigung, gehen links weiter und nicht den rechten mit den Steinmännchen markierten Weg.

Bei der **LZ-720** `03` (268 m) folgen wir der Asphaltstraße bis zum Ort Las Brenas.

50 m hinter dem Ortsschild **Las Breñas** `04` (188 m) gehen wir rechts, um gleich wieder nach

50 m rechts auf der Schotterstraße weiter zu wandern. Wir gehen direkt an einem Haus vorbei,

queren das dahinterliegende Barranco und auf dem nun folgenden Stück ist kein Weg eindeutig zu erkennen.

Auf diesem etwas erhöhten Weg lässt sich gut betrachten, wie sich die Lavaströme von den Feuerbergen bis zum Meer vorgearbeitet haben. Aufgrund der Erosion ist der Weg weiterhin schwierig auszumachen. Im Zweifel halten wir uns Richtung Bundesstraße LZ-2 und der dahinterliegenden Feuerberge. Aber dann treffen wir auf den Wanderweg der Inselregierung „Camino Naturale Orzola

Playa Blanca" und die Wegführung ist von nun an eindeutig. Wir gehen durch eine Mulde, um dann erhöht auf einem Schutzwall parallel zur LZ-702 zu wandern.

Vorbei geht es am links von uns liegenden großen Kreisverkehr. Wir erreichen die ersten Häuser von **Yaiza** 05 (168 m) und es wird wieder grüner. Wir gehen die Treppe links herunter, um dann rechts dem Verlauf der Straße auf dem Fußgängerweg bis zur Wallfahrtskirche zu folgen. Hier geht es rechts zum Parkplatz und geradeaus weiter zur **Bushaltestelle** 01.

Salzhügel in den Salinas del Janubio

ALLES AUSSER WANDERN

Aquapark an der Costa Teguise
Der Aquapark an der Costa Teguise auf Lanzarote ist der größte Park seiner Art auf der Insel und bietet für Erwachsene und Kinder jeden Alters zahlreiche Attraktionen.
Avda. de Golf, parcela 315
35500 Costa Teguise
https://aquaparklanzarote.es/
In den Wintermonaten geschlossen
Tel. +34 928 59 21 28

Museum Lagomar
Das Museum Lagomar ist eines der imposantesten Gebäude Lanzarotes.
Calle los Loros 2, 35259 Teguise
https://www.instagram.com/lagomarmuseum?igshid=YmMyMTA2M2Y%3DTel. +34 672 46 15 55
Öffnungszeiten: 10:00 bis 18:00 Uhr
Ruhetag: keiner

**Fundación César Manrique –
die César-Manrique-Stiftung**
Der berühmte Künstler aus Lanzarote stiftete sein Haus. In diesem errichtete er ein Museum, in dem Werke von Picasso, Mirós Frailes aus dem Privatbesitz von César Manrique ausgestellt werden.
Taro de s/n, 35507 Tahiche
https://fcmanrique.org/
fcm@fcmanrique.org
Öffnungszeiten: 10:00 bis 18:00 Uhr
Ruhetag: keiner

Weinmuseum El Grifo
Im Zentrum von Lanzarote befindet sich das Weinmuseum El Grifo mit jährlich 60.000 Besuchern. Neben einer 5.000 Werke umfassenden Bibliothek werden die folgenden Utensilien aus dem 19. und frühen

Lagomar-Museum

Weinmuseum El Grifo

20. Jahrhundert gezeigt: Weinpressen, Pumpen, Keltermaschinen und Destilliergeräte. Auch kann die Fasswerkstatt besucht werden.
Eintritt: kostenlos
Lugar de El Grifo
35550 San Bartolome
Tel. +34 928 52 49 51
https://elgrifo.com/el-museo/
Öffnungszeiten: 10:30 Uhr bis 18:00 Uhr, Ruhetag: keiner

Landwirtschaftsmuseum El Patio in Tiagua „Museo Agricola el Patio"
Wissenswertes über die Entwicklung der Landwirtschaft, Viehzucht, Wassergewinnung, das damalige Bauernleben und Weinanbau von Lanzarote werden anschaulich vermittelt.
Eintritt: 6,50 €

Calle de Echeyde 18, 35530 Teguise
Tel. +34 928 52 91 34
https://turismolanzarote.com/de/museum/bauernmuseum-el-patio/
Öffnungszeiten: 10:00 bis 17:00 Uhr
Ruhetag: Sonntag; in den Wintermonaten geschlossen.

Bei den Vulkanausbrüchen von 1730 bis 1736 und 1824 wurden Felder und Dörfer unter der Lava begraben. Im Nationalpark Timanfaya kann man die Ausmaße besichtigen. https://turismolanzarote.com/de/besuch-im-nationalpark-timanfaya/ | Zur Google-Navigation: 28.998498 13.749969 |

ÜBERNACHTUNGSVERZEICHNIS

G unter 50 EUR **GG** 50 - 90 EUR **GGG** über 90 EUR
(pro Pers/DZ/incl. Frühstück)

Arrecife .... Plz E-35500, Tel. 928
Arrecife Gran Hotel & Spa **GGG**, Parque Islas Canarias, www.aghotelspa.com

Costa Teguise .... Plz E-35560, Tel. 928
Melia Salinas **GGG**, Avda. Islas Canarias s/n, Tel. 59 00 40
Sands Beach Resort **GGG**, Avenida Islas Canarias 18, Tel. 82 60 95,
    https://www.sandsbeach.eu/

Famara .... Plz E-35560, Tel. 928
Finca Risco de Famara **GGG**, LZ-403 Lugar Diseminado Las Laderas, Tel. 84 53 95,
    www.lanzarote-fincas.de/unsere-ferienhaeuser-finchs/famara/vista-
    famara-2-4-pers.html

Haria .... Plz E-35560, Tel. 928
Finca de Arrieta Haría Eco Tower **GGG**, LZ-207, www.lanzaroteretreats.com/
    holiday-home/eco-tower/

La Asomada .... Plz E-35572, Tel. 928
B&B Buenavista Lanzarote Country **GGG**, Carretera Conil-Tegoyo 22, verschiedene
    Anbieter

La Geria .... Plz E-35560, Tel. 928
Bodega el Chupadero **GGG**, Carretera de la Geria 3, Tel. 17 31 15,
    www.el-chupadero.com

Mala .... Plz E-35560, Tel. 928
Lotus del Mar **GG-GGG**, Calle El Cangrejo 31, Tel. 52 95 89, www.lotus-del-mar.com

Mozaga .... Plz E-35561, Tel. 928
Finca Isabel **GG**, Calle Malva 11, Tel. 52 01 42, www.fincaisabel.com

Nazaret .... Plz E-35560, Tel. 928
Casa Omar Sharif **GGG**, Los Laros 2, Tel. 84 56 65, www.lag-o-mar.com

Puerto del Carmen .... Plz E-35560, Tel. 928
Apartamentos Barcarola Club **GG**, Avda. Maritima de las Playas 53, Tel. 51 07 50,
    www.barcarolaclub.com

San Bartolomé .... Plz E-35560, Tel. 928
Hotel Rural Finca de la Florida **GG**, El Parral 1, Tel. 52 11 24,
    www.hotelfincalaflorida.com
Caserío de Mozaga **GG**, C/Malva 8, Tel. 52 00 60, www.caseriodemozaga.com

Tinajo .... Plz E-35560, Tel. 928
Finca El Inti Tinajo S.L. €€€, Calle La Costa 6, Tel. 83 89 80, www.elinti.com
Villa Amatista €€€, Camino las Huertitas 11, Tel. 84 08 67,
   www.villa-amatista.com
Finca Tisalaya €€, Camino de Tisalaya n°1 La Vegueta, Tel. 17 79 76,
   www.finca-tisalaya.com

Yaiza .... Plz E-35560, Tel. 928
Hotel La Casona €€, Valle de Fenauso 11, Tel. 83 62 62
   www.casonadeyaiza.com
Casa Hilario €€€, C/General Garcia Escamez 19, Tel. 83 62 62,
   www.casadehilario.com

RESTAURANTEMPFEHLUNGEN

Die Ureinwohner von Lanzarote ernährten sich hauptsächlich von Gofio, dem Mehl aus gerösteter Gerste und Mais. Die Körner wurden zerstampft und später in Windmühlen gemahlen. Da es immer wieder lange Trockenperioden gab und Nahrung nur sporadisch vorhanden war, war Gofio sehr wichtig, weil es unbegrenzt lagerfähig und universal verwendbar ist. Somit war Gofio ein wichtiger Bestandteil der Ernährung. Zwar wird es immer noch hergestellt, wenn auch heute nur noch aus Weizen oder Mais, hat aber seine Wichtigkeit verloren. In die Küchen sind Gerichte wie Suppen und Eintöpfe eingezogen.

Fisch und Fleisch gab es früher nur zu besonderen Anlässen. Jede einzelne Ziege war wertvoll, denn sie produziert auch Milch. Schon die spanischen Siedler hatten bei der großen Hitze so ihre Probleme mit der Haltbarkeit. So legte man Fisch und Fleisch in Meersalz ein und fügte scharfe Soßen dazu, damit sie nicht verdarben. Diese typischen kanarischen Soßen sind heute noch das i-Tüpfelchen der Inselküche.

Nachfolgend eine Liste der besten Restaurants alphabetisch nach Ort sortiert:

Die €-Symbole geben einen Anhaltswert, was ein Essen ohne Wein
ungefähr kostet: € 15 - 20 EUR €€ 20 - 30 EUR und €€€ 30 - 60 EUR

Arrieta
Das **El Amanecer** ist eines der besten Fischrestaurants der Insel. Ruhetag: Donnerstag, Öffnungszeiten 12:00 bis 20:00 Uhr, €€, siehe Wanderung: 11

Arrecife
Das Restaurant **Cala** liegt sehr romantisch im Fischerhafen Charco de San Ginés. Öffnungszeiten: 13:00–23:00 Uhr, Ruhetag: Dienstag €€
Das **Altamar** im 17. Stockwerk des Arrecife Grand Hotel bietet feine internationale Küche auf hohem Preisniveau. Dazu gibt es noch einen atemberaubenden Blick

auf die Küste und das Meer. Montag und Donnerstag geschlossen, Öffnungszeiten: Mittwoch–Sonntag 09:30–23:30 Uhr , ⓒⓒⓒ

Das Restaurant im **Castillo de San José**, ein rundum, vom Boden bis zur Decke, verglastes Restaurant mit Blick auf den Hafen; serviert wird hervorragende einheimische Küche. Ruhetag: Sonntag, Öffnungszeiten: 11:00–23:30, Sonntag–Dienstag 11:00–18:00 Uhr, ⓒⓒ

Costa Teguise

Die **Villa Toledo** liegt wunderschön direkt am Meer. Ruhetag: keiner, Öffnungszeiten: 12:00 bis 23:00 Uhr, ⓒⓒ, siehe Wanderung: 31

Die **Isla Bonita** in der Avenida de Mar 5. Es gehört zu den besten Restaurants an der Costa Teguise. Ruhetag: keiner, Öffnungszeiten: 11:00 bis 24:00 Uhr, ⓒⓒ, siehe Wanderung: 31

El Golfo

Besonders schöne Sonnenuntergänge bei frischen Fischgerichten kann man im Restaurant **Bogavante** in El Golfo erleben. Öffnungszeiten: täglich 12:00–21:00 Uhr, ⓒⓒ

Femés

In der **Casa Emiliano** hat man einen tollen Blick in den südlichen Teil von Lanzarote. Es gibt regionale Küche mit leckerem Ziegen- und Kaninchenfleisch. Öffnungszeiten: 12:00 bis 20:00 Uhr, Ruhetag: Montag, ⓒ, siehe Wanderung: 40,43 und 44

Guatiza

Einkehren kann man im urigen und von vielen Einheimischen besuchten Restaurant **Centro Sociocultural** in Guatiza in der kleinen Fußgängerzone hinter der Dorfkirche. Ruhetag: Montag, Öffnungszeiten: 18:00 bis 24:00 Uhr, ⓒ, siehe Wanderung: 9, 11, 16, 20 und 21

Haria

Das Restaurant **Puerto Verde** überzeugt durch eine deutsche kreative Küche. Öffnungszeiten: 13:00–21:00 Uhr , ⓒⓒ, siehe Wanderung: 7, 8 und 12

Das Restaurant **Sociaded** bietet tolle Hausmannskost. Ruhetag: keiner, Öffnungszeiten: 9:00 bis 23:00 Uhr, ⓒ, siehe Wanderung: 7, 8 und 12

La Quemada

Eines von drei Restaurants direkt am Meer ist das **Salmarina**. Ruhetag: keiner, Öffnungszeiten: 12:00 bis 21:00 Uhr, siehe Wanderung: 45 und 46

Playa Blanca

Bei der Vielzahl von Restaurants ist besonders das **El Peregrino** in der Calle Correillo 60 hervorzuheben. Öffnungszeiten: 11:00–23:00 Uhr, ⓒⓒⓒ, siehe Wanderung: 37, 39 und 47

Orzola

Seit seiner Eröffnung 2018 hat sich das Restaurant Mirador El Roque mit seinen Meeresfrüchtespezialitäten zu einem echten Kulinarium im äußersten Norden der Insel gemausert. €€, siehe Wanderung 9B

Puerto Calero

Das Restaurant **Amura** direkt im Jachthafen serviert traditionelle mediterrane Küche. Es wurde vom Guide Michelin ausgezeichnet. Ruhetag: keiner, Öffnungszeiten: 13:00–23:00 Uhr, €€€, siehe Wanderung: 42

Puerto del Carmen

Das Restaurant **Aroma** im Hotel Lava Beach bietet ein charakteristisches Menü und ein saisonales Degustationsmenü mit regionalen Produkten. Öffnungszeiten: 18:00–21:00 Uhr, €€€, siehe Wanderung: 45

Abendessen in der Vista Luna

Mala

In Mala gibt es eine tolle Einkehrmöglichkeit bei der Tapas Bar **El Quijote**. Ruhetag: Samstag, Öffnungszeiten: 12:00 bis 21:00 Uhr, €, siehe Wanderung: 14

Orzola

Seit seiner Eröffnung 2018 hat sich das Restaurant **Mirador El Roque** mit seinen Meeresfrüchtespezialitäten zu einem echten Kulinarium im äußersten Norden der Insel gemausert. Öffnungszeiten: 12:00–22:00 Uhr, €€, siehe Wanderung: 9

Teguise

Gleich am Beginn der Fußgängerzone an der Calle Josè Betancort Ecke C/León Castillo liegt das Restaurant **Cantina**. Eine besondere Spezialität ist der Brownie. Ruhetag: keiner, Öffnungszeiten: 10:00 bis 23:00 Uhr, €, siehe Wanderung: 16

Yaiza

Die **Tapasbar Bar Stop** ist eine Kulteinrichtung an der Durchgangsstraße und ein Muss für jeden Durchreisenden. Eine typische Bar aus längst vergangenen Zeiten, wo noch keine Touristen die Insel besiedelten. Sehr preiswerte Tapas, gute Auswahl, schnelle und freundliche Bedienung. Ruhetag: Sonntag, Öffnungszeiten: 11:00 bis 23:00 Uhr, €, siehe Wanderung: 23, 48, 49 und 50

RESTAURANTEMPFEHLUNGEN

Die **Bodega de Santiago** wurde zur Erinnerung an Eugenio Santiago bereits im 19. Jahrhundert gegründet. Im Jahr 2003 wurde sie dann renoviert und am 16. Februar 2005 als Restaurant eröffnet. Die Räumlichkeiten sind schlicht, aber schön, aber ein Traum ist es, wenn man draußen, unter dem wohl größten Gummibaum der Insel essen kann. Öffnungszeiten 12:30–23:00 Uhr, Sonntag 13:00–22:00 Uhr, Ruhetag Sonntag und Montag, ●●●, siehe Wanderung: 23, 48, 49 und 50

Über eine Schotterpiste erreicht man die **Bodega El Chupadero** etwas oberhalb von La Geria. Beim weiten Blick über die Lavafelder bis tief in das Timanfaya-Gebirge herein, lassen sich mediterrane Leckerbissen und hausgemachte Weine genießen. Öffnungszeiten: 13:00–22:00 Uhr, Ruhetag: Sonntag bis Dienstag, ●●, siehe Wanderung: 22

César Manrique und sein Freund Luis Ibanez haben die Gebäude 1968 grundrenoviert und daraus das Restaurant **La Era** gemacht. Nur ein paar Jahre später war es das bekannteste Restaurant auf Lanzarote. Nachdem es einige Jahre geschlossen war, wurde es nun neu eröffnet. Angeboten werden typisch kanarische Gerichte. Das Restaurant kann mit einem wunderschönen Innenhof und schön aufgemachten Gasträumen aufwarten. Öffnungszeiten: 12:00–23:00 Uhr, ●, siehe Wanderung: 23, 48, 49 und 50

Das **Restaurant Mirador de Las Salinas** liegt direkt an den Salinen von Janubio und bietet einen wunderbaren Blick über die kleinen Salzberge bis zum Playa Janubio. Öffnungszeiten: 13:30–21:00 Uhr, Ruhetag: Donnerstag, ●●●

Yé

Das Restaurant **Volcan de la Corona**. Ruhetag: Montag, Öffnungszeiten: 10:00 bis 19:00 Uhr, ●, siehe Wanderung: 5

Die wichtigsten Bodegas

Nach einer schönen Wanderung oder einem erholsamen Strandtag leistet man sich gerne eine Flasche guten Wein. Lanzarote ist gleich nach Teneriffa der größte Weinproduzent der Kanarischen Inseln. In den letzten Jahren haben viele Kellereien modernisiert und so entstanden auch neue Bodegas. Die Qualität der Weine ist auf einem sehr hohen Niveau und gewinnt auch immer öfter internationale Preise. Nachfolgend ist eine Liste der bekanntesten Bodegas:

• Bodegas El Grifo
• Bodegas La Geria
• Bodegas Bermejo
• Bodegas Yuco
• Bodegas Reymar
• Bodegas Rubicon
• Bodegas Guiguan

Anreise
Auf dem Luftweg ist der einzige Flughafen auf Lanzarote westlich von Arrecife von deutschen, österreichischen und schweizerischen Flughäfen in etwa vier bis fünf Stunden zu erreichen. Auf dem Landweg mit dem Auto geht es nur per Fähre von Cádiz aus. Die Überfahrt vom spanischen Festland via Teneriffa nach Lanzarote dauert gut zwei Tage. Die Uhrzeit muss um 1 Stunde zurückgestellt werden.

Die wichtigsten Fluggesellschaften:
Austrian Airlines
Binter Canarias
Canaryfly
Condor
Easy Jet
Edelweiss
Eurowings
Lufthansa
Norwegian
TuiFly

Zur Überfahrt von Lanzarote Órzola nach La Graciosa gibt es zwei Fährgesellschaften.
Die Fahrpläne:
Die Linea Maritimas Romero verkehrt von Orzola nach La Graciosa um 8:30 Uhr, 10:00 Uhr, 11:00 Uhr, 12:00 Uhr, 13:30 Uhr, 17:00 Uhr, 18:00 Uhr, 19:00 Uhr (1. Mai – 31. Okt.) und 20:00 Uhr (1. Juli – 20. Okt.).
Von La Graciosa nach Orzola um 8:00 Uhr, 8:40 Uhr, 10:00 Uhr, 11:00 Uhr, 12:30 Uhr, 15:00 Uhr, 16:00 Uhr, 17:00 Uhr und 19:00 Uhr.

Der Biosfera Express verkehrt von Orzola nach La Graciosa um 8:00 Uhr, 9:00 Uhr, 10:30 Uhr, 11:30 Uhr, 13:00 Uhr, 16:30 Uhr, 17:30 Uhr, 18:30 Uhr und 19:30 Uhr (1. Juli – 25. Okt.).
Von La Graciosa nach Orzola um 7:00

Uhr, 8:10 Uhr, 9:30 Uhr, 11:30 Uhr, 15:30 Uhr, 16:30 Uhr, 17:30 Uhr und um 18:30 Uhr (1. Juli – 25. Okt.).

Busverbindungen
Das Busnetz ist zentral auf Arrecife eingerichtet. Daher ist es leicht, von allen Touristikzentren in die Inselhauptstadt zu gelangen. Wer aber andere Orte kennen lernen möchte, muss in Arrecife umsteigen und auf die Anschlussverbindung warten. Fahrpläne gibt es in den Tourismusbüros sowie auf der Webseite http://intercitybuslanzarote.es.
Übersicht der Buslinien:
01 Arrecife – Costa Teguise
02 Arrecife – Puerto del Carmen
03 Costa Teguise – Puerto del Carmen
05 Arrecife – Femés
07 Arrecife – Maguez
09 Arrecife – Órzola
10 Arrecife – Los Valles
11 Costa Teguise – Teguise Market
12 Puerto del Carmen – Teguise Market
13 Playa Blanca – Teguise Market
14 Arrecife – Teguise Market
16 Arrecife – La Santa
19 Arrecife – Conil – La Asomada
20 Arrecife – Caleta de Famara
21 Arrecife – Playa Honda – Arrecife
22 Arrecife – Aeropuerto – Arrecife
23 Arrecife – Playa Honda – Aeropuerto – Arrecife
24 Arrecife – Puerto Calero
25 Costa Teguise – Puerto Calero
26 Arrecife – Yé
30 Interior Playa Blanca
31 Costa Teguise – Caleta de Famara
32 Playa Honda – San Bartolomé – Arrecife
33 Costa Teguise – Caleta de Famara – Muñique
42 Arrecife – Instituto de Yaiza
52 La Santa – Los Valles

TRANSPORT

53   La Santa – Teguise
60   Arrecife – Playa Blanca
161 & 162 Aeropuerto – Puerto del
     Carmen – Playa Blanca

Taxi
Der Funk-Taxi-Service gibt dem Benutzer die Möglichkeit, ein Taxi für den sofortigen Einsatz für den örtlichen und regionalen Verkehr zu rufen. Um diesen Service zu nutzen, müssen Sie die Funk-Taxi-Nummer der Gemeinde anrufen, in der Sie sich befinden.
Telefonnummern der Funk-Taxen von Lanzarote:

Lanzarote Flughafen: 928 520 176
Arrecife: 928 800 806
Haría/Órzola: 620 315 350
San Bartolomé/Playa Honda:
   928 520 176
Teguise/Costa Teguise:
   902 363 400/928 806 233
Tías/Puerto del Carmen: 928 524 220
Tinajo/La Santa: 928 840 049
Yaiza/Playa Blanca: 928 524 222
Man sollte beim Einsteigen nur auf das eingeschaltete Taxameter achten. Für Überlandfahrten besitzen die Fahrer gesonderte Preislisten, die man sich zeigen lassen kann.

SONSTIGES

Ärzte/Krankenhäuser
Die Vorlage einer europäischen Krankenversicherungskarte ist ausreichend. Man kann sich aber auch gegen Rechnung behandeln lassen und zu Hause mit seiner Krankenversicherung abrechnen. Als zusätzlicher Versicherungsschutz empfiehlt sich der Abschluss einer Auslandskrankenversicherung, da diese Krankenrücktransporte mitversichert. Auf Lanzarote gibt es nur in Arrecife ein Krankenhaus und weitere kleine Kliniken in Costa Teguise und Puerto del Carmen. Deutschsprachige Ärzte und Zahnärzte findet man mühelos im Telefonbuch.

Botschaften/Konsulate
Honorarkonsulat der Bundesrepublik Deutschland
Calle Angostura Nº 3, 35627 Costa Calma, Fuerteventura,
Tel.: +34 670 542 144/+34 670 552 40
fuerteventura-lanzarote@hk-diplo.de
Öffnungszeiten: Montags und donnerstags von 10:00–13:00 Uhr

Honorarkonsulat Österreichisches
Calle Pérez Zamora 9, 2°, 13, 38400 Puerto de la Cruz, Santa Cruz de Tenerife, Tel. +34 922 376 364,
tenerife@consulado-austria.es,
Öffnungszeiten: Dienstag 10:00–13:00 Uhr, Donnerstag 15:00–18:00 Uhr

Konsulat Schweiz
Schweizer Eidgenössisches
Urbanización Bahía Feliz Edificio de Oficinas, Local 1, 35107 Playa de Tarajalillo, Gran Canaria
Tel. +34 928 157 979
laspalmasgc@honrep.ch
Öffnungszeiten: Montags bis Freitag 10:00–13:00 Uhr

Einreise
EU-Bürger aus „Schengen-Staaten" werden weder bei der Ein- noch bei der Ausreise nach dem Personalausweis gefragt, doch sollte man stets sich ausweisen können. Bürger der Schweiz benötigen einen Personalausweis oder Reisepass.

Sonnenuntergang und aufziehende Passatwolken bei Guatiza

SONSTIGES

Freikörperkultur
Das Nacktbaden auf Lanzarote wird nur an den entlegeneren Papagayo-Stränden bei Playa Blanca geduldet. Bei Charco del Palo nahe Mala an der Nordostküste gibt es ein organisiertes FKK-Zentrum. „Oben ohne" ist an den Stränden überall erlaubt.

Notrufe
„112" oder „061" lautet die zentrale Notrufnummer.
Innerhalb der spanischen Polizei unterscheidet man folgende Einheiten: die „Policia Nacional", für Diebstahl und Einbruch, nach einem Verkehrsunfall die „Policia Municipal" und die „Guardia Civil" bei schweren Delikten.

Fremdenverkehrsämter
Oficina de Información Turística de Arrecife
Parque José Ramírez Cerdá
s/n 35500 Arrecife, Tel. 928 813 174
Montag–Freitag 09:30–17:00 Uhr.
Samstags 10:00–13:00 Uhr
info@turismolanzarote.com
www.turismolanzarote.com

Oficina de Turismo de Costa Teguise
Avenida Islas Canarias
s/n 35509 Costa Teguise
Tel. 928 592 542
Täglich 10:00–14:00 Uhr
costateguise@turismoteguise.com
www.turismoteguise.com

Oficina de Turismo del Aeropuerto
Terminal de Llegadas T1. Aeropuerto de Lanzarote, Tel. 928 820 704
täglich von 8:00–20:00 Uhr
aeropuerto@turismolanzarote.com
www.turismolanzarote.com

Oficina de Turismo de Puerto del Carmen
Avenida des las Playas s/n
35510 Puerto del Carmen
Tel. 928 513 351
Täglich von 09:00–16:00 Uhr
turismo@ayuntamientodetias.es
www.ayuntamientodetias.es

Oficina Municipal de Turismo de Playa Blanca
C/Varadero nº 3, 35580 Playa Blanca
Tel. 928 518 150
Täglich von 09:00–18:00 Uhr
oficina:oficinaturismo@yaiza.org
www.yaiza.org

Spanisches Fremdenverkehrsamt Berlin
Lichtensteinallee 1, 10787 Berlin
Tel. 0049/30/8 82 65 43
Fax 0049/30/8 82 66 61

Spanisches Fremdenverkehrsamt Frankfurt
Reuterweg 51–53, 60323 Frankfurt am Main Tel. 069/72 50 33

Spanisches Fremdenverkehrsamt München
Postfach 151940, 80051 München
Tel. +08 953 074 611

Spanisches Fremdenverkehrsamt Wien
Walfischgasse 8/14, 1010 Wien
Tel. 01/5 12 95 80

Spanisches Fremdenverkehrsamt Zürich
Seefeldstr. 19
Tel. 044/2 53 60 50

Märkte auf Lanzarote
Costa Teguise: Freitag 17:00 bis 22:00 Uhr
Haria: Samstag 10:00 bis 14:00 Uhr
Teguise: Sonntag 9:00 bis 14:00 Uhr
Mancha Blanca: Sonntag 9:00 bis 14:00 Uhr

Figuren bei einem Heiligenschrein

Die Sprache

Auf den Kanarischen Inseln wird Spanisch gesprochen. Der Akzent und der Dialekt ähneln eher dem Spanisch, das in Lateinamerika gesprochen wird. Einige Wörter werden abgekürzt, wodurch sie schwer zu verstehen sind, und weiterhin sprechen die Kanaren sehr schnell. Viele Wörter stammen von den Ureinwohnern der Kanarischen Inseln und werden auch heute noch verwendet. Für den Urlaub auf Lanzarote müssen Sie nicht unbedingt Spanisch können. Deutsch, Englisch und die Gebärdensprache reichen meist völlig aus, um einzukaufen, ein Auto oder ein Zimmer zu mieten.

Minimal benötigter Wortschatz

si	ja
no	nein
por favor	bitte
muchas gracias	vielen Dank
perdón	Entschuldigung
grande	groß
pequeña	klein
bueno	gut
mal (o)	schlecht
barato	billig
caro	teuer
mas	mehr
menos	weniger
con	mit
sin	ohne
abierto	offen
cerrado	geschlossen
Señora	Frau
Señorita	junge Frau
Señor	Herr
Habla usted alemán	sprechen Sie Deutsch
Habla usted inglés	sprechen Sie Englisch
No entiendo	ich verstehe nicht
Buenos dias	Guten Morgen
Buenos tardes	Guten Tag (bis zum Abend)
Buenos noches	Guten Abend sowie gute Nacht
Hola	Hallo
Adios	auf Wiedersehen
Cómo está?	wie geht's?
Muy bien, gracias	sehr gut, danke

Geografische und vulkanologische Begriffe

Atalaya	Ausguck und Wachtturm
Barranco	Trockenflussbett
Bomba	vulkanische Bombe
Caldera	Riesenkrater, der durch Einsturz des Vulkans nach der Entleerung der Magmakammer entsteht
Caleta	kleine Bucht
Camino	Wanderweg
Casa	Haus
Castillo	Burganlage
Cueva	Höhle
Ermita	Kirche
Faro	Leuchtturm
Finca	Landgut
Degollada	Einsattelung oder Pass
Isla	Insel
Islote	Insel aus altem Vulkanmaterial, umströmt von Vulkanmaterial neuerer Ausbrüche
Jameos	vulkanischer Tunnel
Lapilli	vulkanisches Auswurfmaterial
Llano	Ebene
Lomo	Bergrücken
Malpais	so zerklüftetes Lavafeld, dass es nicht für die Landwirtschaft genutzt werden kann
Mirador	Aussichtspunkt
Montaña	Berg
Morro	Bergkuppe oder Felskopf
Playa	Strand
Pico	Gipfel
Punta	Landzunge
Risco	Klippe oder Grat
Roque	Felsen
Sud	Süden
Salinas	Entsalzungsanlagen
Valle	Tal

Die engen Gassen von Tenesar

Blick zurück auf Orzola

REGISTER

Blick auf den Playa de la Cocina vom Montaña Amarilla

▶ IMPRESSUM

© KOMPASS-Karten, A-6020 Innsbruck (25.03)
3. Auflage 2025   Verlagsnummer 5905   ISBN 978-3-99154-216-2

....

Text und Fotos (soweit nicht anders angegeben): Michael Will

Titelbild: Playa de Famara (© Miguel - stock.adobe.com)

Grafische Herstellung und Wanderkartenausschnitte:
© KOMPASS-Karten GmbH

Grafische Herstellung: Maria Strobl
Wanderkartenausschnitte: © KOMPASS-Karten GmbH
Kartengrundlage für Gebietsübersichtskarte S. 10-11, U4:
© MairDumont, D-73751 Ostfildern 4

Wir aktualisieren unsere Karten und Touren in regelmäßigen Abständen. Dies kann unter Umständen dazu führen, dass sich die Inhalte der digitalen Version eines freigeschalteten Wanderführers bzw. einer Karte, von dem erworbenen Printprodukt unterscheiden. Diese Aktualisierungen sind aus rechtlichen oder sicherheitsrelevanten Gründen erforderlich und ein kostenloser Service mit Mehrwert für alle Nutzer.

Alle Angaben und Routenbeschreibungen wurden nach bestem Wissen gemäß unserer derzeitigen Informationslage gemacht. Die Wanderungen wurden sehr sorgfältig ausgewählt und beschrieben, Schwierigkeiten werden im Text kurz angegeben. Es können jedoch Änderungen an Wegen und im aktuellen Naturzustand eintreten. Wanderer und alle Kartenbenützer müssen darauf achten, dass aufgrund ständiger Veränderungen die Wegzustände bezüglich Begehbarkeit sich nicht mit den Angaben in der Karte decken müssen. Bei der großen Fülle des bearbeiteten Materials sind daher vereinzelte Fehler und Unstimmigkeiten nicht vermeidbar. Die Verwendung dieses Führers erfolgt ausschließlich auf eigenes Risiko und auf eigene Gefahr, somit eigenverantwortlich. Eine Haftung für etwaige Unfälle oder Schäden jeder Art wird daher nicht übernommen. Für Berichtigungen und Verbesserungsvorschläge ist die Redaktion stets dankbar. Korrekturhinweise bitte an folgende Anschrift:

KOMPASS-Karten GmbH
Karl-Kapferer-Straße 5, A-6020 Innsbruck
www.kompass.de/service/kontakt